写真と証言で伝える
世界のヒバクシャ
❶ マーシャル諸島住民と日本マグロ漁船乗組員

豊﨑博光
Hiromitsu Toyosaki

すいれん舎

写真と証言で伝える
世界のヒバクシャ

❶マーシャル諸島住民と日本マグロ漁船乗組員

写真と証言で伝える
世界のヒバクシャ
❶マーシャル諸島住民と日本マグロ漁船乗組員

目次

1 被爆者から「ヒバクシャ」へ ……… 7
―世界のヒバクシャの概要―

2 マーシャル諸島の核兵器実験と被ばくの歴史 ……… 17
―核実験場とさせられた島々と終わらない被ばく被害―

3 マーシャル諸島概観 ……… 39
―海に囲まれた暮らしと被ばく被害の間で―

4 「水爆ブラボー実験」 ……… 49
―広島投下型原爆の1000倍の威力―

5 ビキニ島住民の移住と再移住 ……… 59
―故郷を棄てさせられた人々―

6 もう一つの核実験場エニウェトク環礁と住民 ……… 71
―被ばく被害を受けた人々が、汚染物質の捨て場と向き合いながら暮らす―

7 「水爆ブラボー実験」のヒバクシャ ……… 93
―被ばくさせられた人々の声の記録―

8 ロンゲラップ島の暮らし …………………………………… 179
―自然とともに、つつましやかに暮らす人々―

9 ロンゲラップ島住民のメジャト島への移住 …………… 195
―「安全」と言われ続けた末に―

10 ミサイル実験場クワジェレン島とイバイ島 …………… 213
―さまざまな問題に見舞われる小さな島の暮らし―

11 首都マジュロ島 …………………………………………… 229
―被ばく被害を胸に刻みながら生きる人々―

12 日本のビキニ被ばく漁船と乗組員 ……………………… 235
―あいまいなままの被ばく被害―

13 年表 ………………………………………………………… 255

凡　例

本書では次のような表記の方法をとっている。

●全体の表記
＊年月日の表記は、原則として当該地時間によったものとした。一部出典資料によったものもある。
＊「被爆者」、「被曝者」、「被ばく者」、「ヒバクシャ」を文意に応じて使い分けている。ただし「被曝者」は、原則「被ばく者」と表記している。ただし、すでに法律や組織の名称として使われている場合はそれによった。
＊取材対象者の発言は、取材に基づいたものである。7章と12章の取材時期は当該の章に示している。
＊マーシャル諸島の地名や人々の名前は、基本的に現地の発音に準じている。その他、日本および外国の地名と人名は、原則として通用名で表記している。
＊外国の文献・資料の訳文は、ことわりがないかぎり、筆者によるものである。
＊収録写真は、キャプションに出典・提供者・撮影者名を記したもの以外はすべて筆者の撮影である。
＊筆者による写真撮影の時期は、それぞれのキャプションの後に示した。

●年表の表記
＊西暦で表記している。
＊13章所収の年表で、文献資料によって発生月日まで特定できない場合、次のように例示した。
　　　1983年5月　1983.5.-
＊各国関係事項の日付は、出典・資料によっている。
＊地名は、日本・諸外国いずれも原則として当時の表記とした。
＊地名、地域名、人名などの表記は、原則として通用名を用いた。

1 被爆者から「ヒバクシャ」へ
―世界のヒバクシャの概要―

「被爆者」でも「被ばく者」でもない放射線を浴びせられた人々

「被爆者」とは、空襲や爆撃によって被害を受けた人々をさす。特に日本では、アメリカが広島と長崎に投下した原爆で被害を受けた人々としている。

日本での被爆者認定は、1957年施行の「原子爆弾被爆者の医療等に関する法律」（「原爆医療法」）と1968年施行の「原子爆弾被爆者に対する特別措置に関する法律」（「原爆特別措置法」）の2つの法律によってなされてきた。1994年には、この2つの法律を統合する形で「原子爆弾被爆者に対する援護に関する法律」（「被爆者援護法」）が制定された（1995年施行）。

現在、「被爆者」の認定は、「被爆者援護法」によって行われている。「被爆者援護法」の下での原爆症認定制度では、被爆者の被ばく放射線量と、病気との可能性を推定評価（原因確率）されることが認定被爆者の基準となっている。

厚生労働省が、「被爆者援護法」に基づいて規定する被爆者とは以下の①～④のいずれかに該当し、「被爆者健康手帳」を保持する人々である。①原爆が投下された1945年8月6日に広島市内と指定周辺地区、同8月9日に長崎市内と指定周辺地区で直接被害を受けた者（直接被爆者）、②原爆投下から2週間以内にそれぞれの爆心地から2キロメートル以内に入った者（入市被爆者）、③被災者の救護や遺体処理などにあたった者、④①～③に該当する者の胎児。

しかし、実際には被爆を受けながら被爆者とは見なされない人々がいる。例えば、長崎では、原爆被爆地域および隣接被爆地域の指定外地域にいた者は「被爆体験者」としている。「被爆体験者」は被爆者とは見なされない。

この厳密に規定された「被爆者」に対して、原水爆実験のフォールアウト（「死の灰」）やウラン採掘、原発などの核施設から放出された放射性物質、放射線を浴びせられた人々は「被曝者」と呼ばれる（以後「被ばく者」と表記）。

日本には「被爆者」だけでなく「被ばく者」も存在する。しかし、「被ばく者」は公式には認められていない。かつて、1957年3月に「原爆医療法」が制定される前の国会審議の中で、社会党（当時）所属で医師でもあった滝井義高議員が、「原子力の研究や発展、原水爆実験の状況から考えてこの法律（筆者注：「原爆医療法」）を考慮する段階にある」として適用対象者の拡大を訴えたが認められなかった。この結果、1954年3月1日からアメリカがビキニ環礁で始めた水爆実験のフォールアウトを浴びせられた「第五福竜丸」など日本のマグロ漁船の乗組員、1958年から開始された原子力発電で被ばくした労働者などは「被爆者」ではなく「被ばく者」でもない。

「被ばく大国」アメリカ

アメリカでは、元陸軍兵が白血病になったのはネバダ実験場で行われた大気圏内核実験時の軍事演習に参加したことが原因として、1977年4月に補償を求めたことをきっかけに「被ばく兵士」（"Atomic Soldier"）の存在が明らかになった。

1980年4月、ワシントンで「全米放射線被害者市民公聴会」（National Citizen's Hearings for Radiation Victims）が開かれた。主催したのは「全米健全核政策全国委員会（SANE）」や「社会的責任を果たすための医師団（PSR）」、「全米被ばく退役軍人協会（NAAV）」などである。

参加したのは、ネバダ実験場の風下地域の住民と実験場などでの核実験に携わった民間人技術者、大気圏内核実験に参加した元兵士（退役軍人）とその未亡人、広島と長崎に進駐した元兵士、ウラン濃縮工場などの核施設の労働者とその遺族、核兵器製造工場の労働者、先住民族ナバホ（ディネ）インディアンの元ウラン採掘労働者と遺族、在米日系人原爆被爆者、水爆実験のフォールアウトを浴びせられたマーシャル諸島ロンゲラップ島の住民、医療用放射線を過剰に浴びせられた患者と放射線照射専門医、1979年3月28日に炉心溶融事故を起こして放射性物質を放出したスリーマイル島原発周辺の住民などと、放射線被ばくの研究者や医師、科学者である。つまり、実際に核による被害を受けた人々とその恐れがある人たち、また、そのことに危機感を抱く専門家たちが参加したのである。

参加者たちは、「放射線による被害者が医学的人体

実験の対象にされたことを明らかにすること」、「放射線被ばくによる健康への影響調査を行うこと」、「放射線被害者としての認定と補償」、「放射線被ばく被害を減らすこと」などをアメリカ政府に対して要求した。

公聴会は、ウラン採掘から始まる核開発のすべての過程で被ばくが生じ、被害を受けたすべての人々が放射線被ばく被害者であること、核大国アメリカは「被ばく者大国」であることを明らかにした。

公聴会を主催したグループと一部の放射線被害者は、1984年3月17日にワシントンで「放射線被害者円卓会議」を開催し、「放射線被害者権利の章典（Radiation Victims Bill of Right）」を採択した。章典は、放射線被害者は、①不必要な放射線被ばくを防ぐ権利、②放射線の健康に与える影響について誠実な調査を求める権利、③被ばくした放射線に関する記録とそれによる危険性について全面的に公開させる権利、④放射線障がいに対して医師の治療を受ける権利、⑤放射線障がいに対する経済的補償を受ける権利がある、とした。

同年10月、アメリカ西海岸地域で結成された「全米放射線被ばく生存者協会（National Association for Radiation Survivors）」がサンフランシスコで「放射線被ばく生存者会議（Radiation Survivors Congress 1984）」を開催した。日本の広島、長崎の原爆被爆者が初めて参加したこの会議では、「放射線被害者（Radiation Victims）」は「放射線被ばく生存者（Radiation Survivors）」と呼ばれ、アメリカに約100万人いるとした。

これらの会議をきっかけにアメリカの放射線被ばく者は、なぜ放射線を浴びせられたのかを「知る権利（Right to Know）」と、完全な治療と十分な補償を受ける「正当な権利（Justice）」があると主張することを始めた。

「ヒバクシャ」の登場

1980年からアメリカで開催された公聴会や会議では「放射線被害者」、「放射線被ばく生存者」と呼ばれても、ウラン採掘による被ばく労働者は"Uranium Miner"、ネバダ実験場の風下の被ばく者は"Down-winders"、被爆兵士は"Atomic Soldiers/Atomic Veterans"と自称していた。しかし、1985年に広島で、1986年に長崎で「核被害者フォーラム」が開かれ、1987年9月にニューヨークで「第1回核被害者世界大会」が開かれると、参加した日本やアメリカ、イギリス、フランス、ドイツ、スウェーデン、マレーシア、フィリピン、台湾、韓国、マーシャル諸島やポリネシアなどの放射線被ばく者は自らを「HIBAKUSYA（ヒバクシャ）」と名乗り始めた。

2017年7月7日、国連で122か国の賛成で採択された「核兵器禁止条約」の全文でも、「（この条約の）締約国は―中略―核兵器の使用による被害者（ヒバクシャ）ならびに核兵器実験によって影響を受けた人々に引き起こされる受け入れ難い苦難と被害を心に留める」としている。

先住民族に対する
「ニュークリア・レイシズム（被ばくが生みだす人種差別）」

1987年9月、ニューヨークで「第1回核被害者世界大会」が開かれたとき、ウランの採掘や核実験で被ばくさせられた世界の先住民族の代表が「先住民族ウラン・フォーラム（Indigenous Uranium Forum）」と名づけた分科会を持った。分科会に参加したのは、アメリカやカナダ、オーストラリア、スウェーデンの先住民族やマーシャル諸島とポリネシアの住民などである。フ

●ウラン鉱山からのウラン生産主要国
2018年　単位：トンU

カザフスタン	21,705
カナダ	7,001
オーストラリア	6,517
ナミビア	5,525
ニジェール	2,911
ロシア	2,904
ウズベキスタン(推定)	2,404
中国(推定)	1,885
ウクライナ(推定)	1,180
アメリカ	582
インド(推定)	423
南アフリカ	346
イラン(推定)	71
パキスタン(推定)	45
世界全体	53,498

World Nuclear Associationのウェブサイトから作成。

ォーラムは、「世界の2億5000万人の先住民族は核保有国と原子力産業によるウラン採掘と精錬、原子力発電、核実験、核廃棄物の処理のすべての過程で被害を受けている。しかも、救済はまったく行われていない。それは、われわれ先住民族にとって虐殺に等しい。われわれは母なる大地と共に暮らしており、母なる大地を愛す。核燃料・核兵器製造サイクルの発端であるウラン採掘をただちに止めよ。人間に害を与えるウランは母なる大地に眠らせておけばよいのだ」と決議した。

「先住民族ウラン・フォーラム」の意志は1988年7月にカナダのサスカチュワン州サスカトーンでの「国際ウラン公聴会」の開催を経て、1992年9月にオーストリアのザルツブルグで「世界ウラン公聴会」を開くに至った。公聴会には、アメリカ、カナダ、スカンジナビア半島とロシア、カザフスタン、アフリカ、南米、太平洋諸島諸国、インド、フィリピンなど52か国に及ぶ地域の先住民族約120人が参加した。日本からも北海道のアイヌの代表が参加している。

参加した先住民族の代表は、「世界のウラン採掘と精錬の約75パーセントはわれわれ先住民族の大地で行われ、核保有国の核実験場はすべてわれわれ先住民族の大地にある。あらゆる核廃棄物もまたわれわれ先住民族の大地に棄てられている。核兵器と核燃料の製造、核廃棄物の処理のすべての過程の被害がわれわれ先住

世界の主な核実験・核爆発地点

核実験・核爆発地点の（ ）内は実施国

民族の人々に一方的に押し付けられているのはニュークリア・レイシズムである」とした。

核による暮らしの破壊と生存権の侵害

　核開発による被ばく被害というと、人間の健康に大きな影響を与えることだけが注目されがちである。しかし、それは被ばく被害の一部である。

　アメリカの核実験で被害を受けたマーシャル諸島の人々は、1987年からアメリカによる補償金を受け取ることになった。そのなかで、核実験の被ばく被害を受けた個人への補償を査定して補償金を支払う組織として「核被害補償裁判所（NCT：Nuclear Claims Tribunal）」が設立された。NCTの被ばく者個人に対する補償は、核実験が始まった1946年6月30日から1958年8月19日までマーシャル諸島の島々に居住していたマーシャル諸島住民を対象に、36種のがんや甲状腺疾患などを発症した者に症状に応じて支払うとした。NCTはまた、核実験場として使われた島々と核実験のフォールアウトによる被ばく被害を受けた島々の損害に対しても賠償金を支払うことにした。賠償金の査定は、核実験の放射性物質による土地の使用の喪失に対する損害、放射性物質に汚染された土地で再び暮らすための土壌回復と再緑化のための除染費用、そ

1　被爆者から「ヒバクシャ」へ　11

して核実験期間中に他の島へ移住させられたことによる苦痛を対象とした。核実験場とされたビキニ環礁の人々に対する合計賠償額は約5億6332万ドル、エニウェトク環礁の人々への合計賠償額は約9787万ドル、また1954年3月1日の水爆実験のフォールアウトによる被ばく被害を受けたロンゲラップ島住民に対する合計の損害賠償額は約10億3124万ドル（核実験の被ばく被害による医学的、精神的被害への賠償額を含む）、ウトリック島住民へは約3億736万ドルと裁定した。

NCTは、核実験の被ばく被害には土地（資産）の使用の喪失があることを初めて認めたのである。また、損害額の査定の基準は島々の土地面積の評価ではなく、それぞれの島が住民の暮らしにどのような役割を果たしてきたか、住民たちの伝統や文化を育むためにどのような役割を担ってきたかを評価し、査定、裁定したのである。

さらに、2012年9月3日、アメリカの核実験によるマーシャル諸島の住民に対する影響を調査した国連人権理事会特別報告者の報告は次のような問題を指摘して、核実験による被ばく被害がマーシャル諸島の人々の人権を侵害したとした。

① 人々に核実験の放射線被害による急性および長期の健康障害を及ぼし、暮らしと土地に対する不可逆的な環境悪化を引き起こした。
② 核実験のフォールアウトによって地元の安全な水と食料供給の道が断たれたことで、本来の自足循環型の暮らしが成り立たなくなっている。
③ 核実験のための強制移住および核実験の放射性物質の汚染で故郷の島を追われることによって、その土地で育んだ文化と伝統、本来の生活方式を失い、故郷以外の島で流民となって暮らす人々を増やした。そのような人々の存在はマーシャル諸島の社会に大きな影響を与えた。

アメリカの原爆製造計画「マンハッタン計画」
―核兵器開発のヒバクシャ―

アメリカの原爆製造計画「マンハッタン計画」は1942年8月に開始された。計画では、ウランを濃縮するウラン型原爆と、原子炉で燃やした後にでるプルトニウムを使用するプルトニウム型原爆の製造を目指した。

原爆製造のためのウランがないアメリカは、主にベルギー領コンゴ（現在コンゴ民主共和国）産のほか、カナダのノースウェスト準州にあるグレートベア湖近くのポートラジウム産のウランを入手した。また、少量だが、アリゾナ州コーブキャニオンのウランも使った。

自然界にあるウランは胃腸や腎臓、肺に悪影響を与え、有害な放射線を発する危険な物質である。コンゴのウラン採掘では、多数の地元の住民が肺がんなどにかかった。ポートラジウムでは、採掘したウランを布袋に詰めて運んだ14人の先住民族サトゥ・デネの人々が大腸がんや肺がんで死亡した。コーブキャニオンでの採掘でも、地元の先住民族ナバホ（ディネ）の人々が肺がんなどで死亡した。

原爆の研究・開発、製造は、全米30か所以上の大学の研究所や濃縮工場、プルトニウム製造工場で行われ、多数の労働者が被ばくした。さらに、濃縮工場やプルトニウム製造工場周辺に住む多数の人々も被ばくした。

1945年7月16日、ニューメキシコ州アラモゴードの砂漠で、世界初、アメリカ最初の原爆実験が行われた。実験で生み出されたフォールアウトによって、爆心地の北東部に暮らす先住民族のアパッチ、プエブロ、ナバホを含む約1万9000人が被ばくした。実験には164人の兵士が参加し、被ばくした。同年9月9日には、放射性物質が残る爆心地付近に原爆製造計画を指揮したレスリー・グローブス中将やJ・ロバート・オッペンハイマー博士、原爆の開発製造を担当した科学者たちが訪れている。

アメリカは1945年10月までに、ウラン型原爆を1基（広島に投下）とプルトニウム型原爆を4基製造した（1基はアラモゴードで実験し、もう1基は長崎に投下した）。

日本でも、2011年3月11日に起きた東京電力福島第一原発事故で放出された放射性物質によって避難を余儀なくされた人々が、2013年4月に東京電力に対して起こした損害賠償請求訴訟（生業訴訟）で「人間が生涯にわたって地域や人と関係を築き、蓄積し、人間らしい生活を続け、命を次の世代につないでいくプロセスそのものを奪ったものであって、これを人格発達権侵害と呼ぶ」とし、また「地域の放射能汚染」は「平穏生活権侵害」であると訴えた。これに対して、2017年10月、福島地裁は原告のうち相当数に「平穏生活権の侵害」による慰謝料の支払いの請求を認めている。また、その前の2017年9月には千葉地裁が、原発事故で故郷での生活や人間関係、風習を失い、平穏な生活を送る権利が侵害され、コミュニティを失ったことによる精神的苦痛が生じたという訴えに対して、「ふるさと喪失」による慰謝料を認めている。

　核実験のフォールアウト、原発事故の放射性物質による被ばく被害は、生まれ故郷とその地で育まれた文化や伝統、コミュニティを破壊し、人権、人格権を破壊するのである。

続く「地球被ばく」

　アメリカが、1945年7月16日にニューメキシコ州アラモゴードの砂漠で行った世界最初の原爆実験のフォールアウトは爆心地の北約55キロメートルに流れただけでなく、約2900キロメートル離れたニューヨーク州ロチェスター市まで飛散したことは、同市のフィルム会社イーストマン・コダック社のエックス線フィルムが感光したことで明らかとなった。

　アメリカは、1952年11月にマーシャル諸島のエニウェトク環礁で世界初の水爆実験を行う前には、ソ連と共産圏を除く北半球地域の111か所に降り落ちるフォールアウトを収集する粘着フィルム（約60センチ四方）と固定型の放射線測定器を設置した。また、1954年3月からビキニ環礁で水爆実験シリーズを始める前には同様な粘着フィルムと放射線測定器を122か所に設置した。日本では、青森県三沢、東京の横田（後に羽田）、広島と長崎の原爆傷害調査委員会の敷地内に設置された。アメリカ国内では1956年に68か所に同様の機器が

●世界の原子力発電（2019年8月）

原子力利用国	運転中もしくは運転可能な原子炉数
アメリカ	97
フランス	58
中国	47
ロシア	36
日本	33
韓国	24
インド	22
カナダ	19
イギリス	15
ウクライナ	15
スウェーデン	8
ドイツ	7
スペイン	7
ベルギー	7
チェコ	6
スイス	5
パキスタン	5
フィンランド	4
スロバキア	4
ハンガリー	4
アルゼンチン	3
ブラジル	2
ブルガリア	2
メキシコ	2
南アフリカ	2
ルーマニア	2
アルメニア	1
オランダ	1
スロベニア	1
イラン	1
合計	444

合計値には、台湾の稼働可能な4原子炉を含む。
World Nuclear Associationのウェブサイトから作成。

広島・長崎の原爆被爆者
―原爆被爆者は、世界各地に住んでいる―

1945年8月6日午前8時15分、広島市にウラン型原爆「リトルボーイ」が投下された。当時、市内には市民や軍人、朝鮮や台湾、あるいは中国の人々と東南アジアからの留学生、アメリカ人捕虜など約35万人が暮らしていた。原爆投下直後に死亡した人の数は明らかではないが、1945年12月末までに約14万人が亡くなった。

長崎市にプルトニウム型原爆「ファットマン」が投下されたのは同年8月9日午前11時2分である。そのときの死亡者数は明らかではないが、12月末までに約7万2000人が亡くなった。

広島と長崎の原爆による死者の約65パーセントは子どもと女性と老人だった。

原爆による被爆から74年目の2019年8月6日、広島市の慰霊碑に納められた「原爆死没者名簿」に記載された原爆死没者は31万4118人（1952年からの総数）。同8月9日に長崎市の慰霊碑に納められた「原爆死没者名簿」に登記された原爆死没者は18万2601人となっている（1968年からの総数）。

原爆被爆者とは、1994年12月に制定され、1995年7月から施行された「原子爆弾被爆者に対する援護に関する法律」（「被爆者援護法」）で規定され、「被爆者健康手帳」を持っている人をいう。2019年度末時点で、「被爆者健康手帳」を持っている人は14万5844人である。そのほかに、日本に住んでいないため「被爆者援護法」の援護を受けられない人は「在外被爆者」と呼ばれ、約5000人が北朝鮮、韓国、台湾、アメリカ、カナダ、ブラジルなど30か国以上に住んでいる。

アメリカでは、1988年5月に「放射線被ばく退役軍人補償法（REVCA）」が制定されている。この法律では、広島と長崎で捕虜となっていたときに原爆で被ばくした兵士を含め、1945年8月6日から1946年7月1日まで広島市と長崎市に占領軍として駐留した約19万5000人の兵士（退役軍人）を「被ばく兵士」と認め、そのうち設定した10種のがんにかかっている人（後に改正され22種のがんを設定）に平均7万5000ドルの見舞金を支払っている。

設置され、フォールアウトの中のストロンチウム90の被ばくによる食料品（牛乳など）と人間への影響を調べた。

1954年3月から5月まで、アメリカがビキニ環礁などで行った6回の水爆実験のフォールアウトが世界に飛散したことは、各地に設置された粘着フィルムや放射線測定器などによって明らかにされた。その結果を受けてイギリスの物理学者ジョセフ・ロートブラッドは「地球上に住む人間の被ばく放射線量は、それまでの2倍になった」と言った。

1986年4月26日、ウクライナのチェルノブイリ原発で起きた爆発事故で放出された放射性物質はヨーロッパのほぼ全域に達した後、北半球全域に飛散した。約8000キロメートル離れた日本でも、事故の1週間後に大阪で降った雨にこの事故で放出された放射性物質が検出された。

2011年3月11日に東北沖で起きた地震と津波で炉心溶融、水素爆発事故を起こした東京電力福島第一原発から放出された放射性物質は日本国内に留まらず、3月14日にはロシア東部に、同16日にはアメリカ西海岸に達し、その後カナダ、アイスランドを経て同26日にはヨーロッパに達してほぼ北半球全域を被ばくさせた。さらに、4月13日にはオーストラリア、フィジー、パプアニューギニアなど南半球の一部でも放射性物質が検出された。また、事故直後に排出、漏出した放射性物質が混じった汚染水は、太平洋の北半分を反時計回りに回遊し、広範な海洋被ばくも引き起こしている。

大気圏内核実験は停止されたが、地下核実験による放射性物質漏れは起きている。放出されたフォールアウトと原発事故などで飛散した放射性物質はいまなおヒバクシャと被ばく被害を生みだし続けている。

「第1回核被害者世界大会」に参加したヒバクシャたちは、
「ヒバクシャの存在を認めて補償をするべきだ」と訴えて
ニューヨーク市内をデモ行進をした（1987年10月撮影）

1 被爆者から「ヒバクシャ」へ

2 マーシャル諸島の核兵器実験と被ばくの歴史
―核実験場とさせられた島々と終わらない被ばく被害―

日本統治下のマーシャル諸島

　マーシャル諸島を含むミクロネシアの島々は1914年8月にドイツ領から日本の統治下に置かれ、1920年に日本の委任統治領「南洋群島」とされた。1922年、日本による統治機関としてパラオ諸島コロール島のコロールに南洋庁が設置され、島々は6つ行政区に分割され、それぞれに支庁が置かれた。マーシャル諸島はヤルート支庁の管轄となり、中心はヤルート島のジャボールだった。各行政区には地元住民の子どもたちのための諸島教育機関として公学校が設けられ、8歳から3年間、日本語による教育が行われた。

　1933年3月、日本は満州事変をきっかけに国際連盟を脱退したが、ミクロネシアの統治は続けた。やがてミクロネシアの島々は対アメリカ戦の前進基地と位置付けられるようになり、マーシャル諸島では、クワジェレン島に司令部が置かれ、ウォッジェ島、ヤルート島、ミリ島に軍事施設を建設し海軍警備隊が配備された。

　また、海軍警備隊が配備された島々には、周辺水域の艦船と航空機の安全航行を図る目的で、水路部（現在の海上保安庁）などによる気象観測所が置かれた。

持ち込まれた戦争

　1941年12月8日、日本はハワイの真珠湾を攻撃して太平洋戦争が始まった。しかし、マーシャル諸島の人々は誰も知らなかったという。開戦後、マーシャル諸島の島々には住民たちがボーローと呼ぶ海軍の特殊監視所が設けられ、日本によるアメリカ軍の行動監視が始まった。ロンゲラップ島のボーローは高さ約15メートルの木製で、ジョン・アンジャイン、ボアス・チェーラン、ジョチア・ジョルジュと弟のジャブエ・ジョルジュ、エモシ・チレス、キーネ・ジャツカンネの6人が2時間交代で東の海を見ていた。

　監視には日本の漁船も動員され、静岡県焼津市の漁船3隻がクワジェレン島を中心に監視を行っていた。そのうちの1隻には、1954年3月1日のアメリカの水爆実験によるフォールアウトを浴びせられたマグロ漁船「第五福竜丸」の無線長の久保山愛吉が通信員として乗っていた。3隻の漁船はその後、アメリカ軍の攻撃で撃沈されるが、久保山はその前に病気になって日本に帰っていた。

　1942年2月、アメリカ軍によるマーシャル諸島の日本軍への攻撃が始まった。マーシャル諸島の人々は、この攻撃を「カンポウ（艦砲射撃）」と「クウシュウ（空襲）」と呼ぶ。アメリカ軍の島々への上陸作戦は1944年1月に始まった。上陸作戦は「フリントロック作戦（飛び石作戦）」と呼ばれ、日本軍が駐屯する島のすべてを攻撃するのではなく、アメリカ軍にとって戦略上必要とされる島を集中的に攻撃するものだった。マーシャル諸島への上陸作戦は同年4月まで9波にわたって島々を分断するように行われた。ウォッジェ島、マロエラップ島、ヤルート島とミリ島には日本軍の主流部隊が駐屯し、日本が降伏するまでこれらの島の人々と共に置き去りにされた。その部隊が少ない食料を得るために、一部の島では地元民を虐殺したと言われる。

　ロンゲラップ島への攻撃は同年2月3日の空襲で始まった。人々は、島の南西端に逃れ、そこからカヌーに分乗して約15キロメートル北にあるエニアエトク島に避難した。ジョン・アンジャインは、「島に防空壕は1つしかなく、日本の兵隊さんが入ったので、ボクら（監視役の6人）はジャボワンに逃げました。爆弾の爆発の大きな音がして火柱が立ち、ボクらの家やボーローが吹き飛び、怖かった」と当時の様子を語っている。

　アメリカ軍は4月4日にロンゲラップ島に上陸した。日本人の観測員7人と海軍兵4人が死に、生き残った1人の海軍兵はハワイに連れて行かれたという。4月4日をロンゲラップ島の人々は「解放の日」と呼んで記念日にしている。

　マーシャル諸島の上陸作戦で日米の激戦が繰り広げられたのはクワジェレン環礁とエニウェトク環礁の島々である。これらの島々では、多数の日本兵と民間の日本人、朝鮮人が亡くなった。マーシャル諸島の人々の被害は明らかではないが、ジョン・アンジャインの妹のタルギットが、1944年2月のクワジェレン島での戦闘中に被弾して亡くなっている。

　アメリカ軍はマーシャル諸島の島々を攻略する一方、「日本の真珠湾」と呼ばれたトラック諸島（現在、ミクロネシア連邦チューク州）の日本海軍の根拠地を攻略し

て、航空および海上の戦力を破壊した。さらにパラオ諸島を空襲し、1944年6月～7月には、日本が「本土防衛の最終防衛線」としたサイパン島とテニアン島（現在、北マリアナ諸島自治連邦）を攻略した。この攻略は、アメリカ軍にとって、航続距離が約9000キロメートルの大型爆撃機B29による日本本土の空襲が可能になったことを意味した。テニアン島はニューヨークのマンハッタン島によく似ており、アメリカ軍は主滑走路を「ブロードウェイ」と呼んだ。

2つの原爆搭載地点

1945年8月6日、原爆「リトルボーイ」を搭載したエノラ・ゲイと名づけられたB29爆撃機がブロードウェイを離陸し、同午前8時15分、広島市上空で原爆を投下し、爆発させた。3日後の8月9日、原爆「ファットマン」を搭載したボックスカーと名づけられたB29爆撃機が離陸し、同午前11時2分、長崎市の上空で投下、爆発させた。テニアン島には広島と長崎に投下した原爆の搭載地点を記す2つの碑が建てられている。

この2つの原爆搭載の碑文は、太平洋からの核・原子力時代の始まりを告げるものとなった。

マーシャル諸島ロンゲラップ島の人々は、水上飛行機でやってきたアメリカ兵から戦争の終了を知らされた。このとき男たちは、全員が参加する伝統的な囲い込み漁ムオを行っていた。ジョン・アンジャインは戦争の終了の知らせに「何も感じなかった」と言っている。

「世界の戦争を終わらせるため」核の実験場に

太平洋戦争の終了から間もない1945年8月24日、アメリカ議会上院議員のブライアン・マクマホン（1946年にアメリカの原子力開発を軍の管理から文民の管理に移行させた「マクマホン法」の提唱者）が、新しい兵器（原爆）の海軍艦船に対する爆発実験を提案した。広島、長崎の産業都市への投下で都市への破壊効果を知ったアメリカは、軍艦に対する破壊効果を知りたいとしたのである。1946年1月、トルーマン大統領はできるだけ早い時期に実験を行うよう軍部に指示し、実験場探しが始まった。

実験場の条件は、半径約9.6キロメートル内に標的艦が安定して停泊できること、温暖で安定した気象条件下にあること、都市より遠方にあって人口が希薄か無人であることだった。大西洋、カリブ海、太平洋で候補地探しが始まり、南米エクアドルのガラパゴス諸島も候補地に挙げられたが、最終的にマーシャル諸島ビキニ環礁が選ばれた。当時、中心のビキニ島には167人が暮らしていた。

島の人々は、ビキニ環礁が実験場に選ばれたことを、1946年2月10日、日曜日の礼拝が終わった直後に訪れたマーシャル諸島の軍知事ワイアット准将から知らされた。軍知事は、「人類の役に立ち、世界の戦争を終わらせるために原爆実験を行う」と告げた。長老のジュダは、「アメリカと世界の科学者たちが世界の発展のためにわが環礁を使いたいというのであれば、神のご加護がすべての人々に利益をもたらすことになる。わが住民はどこへ行くとも喜ぶであろう」と答えた。同年3月7日、住民167人はビキニ島の東約230キロメートルの無人島のロンゲリック環礁エニウェタク島に移住した。アンロー・ジャケオは「移住は『メイレイ』だった」と日本語を交えて言った。人々がビキニを去るとき、もう一人の長老であるローリー・ケシブギは即興の歌を口ずさんだ。

> ビキニにはいられない、本当のことだ
> 穏やかな、調和のとれた暮らしも
> 自分の寝ゴザと枕でやすむこともできない
> すべてを持って離れなければならない
> その思いは私を圧倒し、無力にする
> 魂は旅立つ、ずっと遠くへ、そして消える
> 大きな潮流にとらえられるまで
> その時、私は平穏をみつける

（この歌は、1986年に発足した「ビキニ・キリ・エジット環礁地方政府」の公式歌となり、祝日に歌われている）。

移住先のロンゲリック環礁はロンゲラップ島住民に所有権があり、居住するには島の伝統的首長イロージの許可が必要である。しかし、アメリカは許可を取ら

なかった。住民が去ったビキニ島では海岸が清掃され、実験用の家が建てられ、ヤシの木には爆風の影響を調べる印が付けられた。

太平洋戦争後、最初の核実験

全米向けのラジオが叫んだ。「世界よ聞け、これがクロスローズだ」。1946年7月1日午前9時、太平洋戦争後初の核実験「クロスローズ作戦」の1回目としてB29爆撃機から投下された原爆「エイブル」（21キロトン）がビキニ環礁のラグーン（礁湖）の上空約500メートルで爆発した。

ラグーンには同心円状にアメリカの戦艦や航空母艦、接収された日本の戦艦「長門」とドイツの戦艦を含めて94隻が並べられていた。また、艦船の甲板には熱線や放射線の影響を調べるために艦やかごに入れられたブタやヤギ、ネズミなどが置かれていた。実験の結果、標的艦のうち5隻が沈没し、実験動物の約10パーセントが死んだ。

「原爆エイブル実験」は、太平洋戦争後初の原爆実験であり、アメリカ議会議員や科学者のほかソ連、イギリス、フランス、中国、カナダなど11か国の国連代表に公開された。日本では、GHQ（連合国軍総司令部）のプレス・コード（報道規制）で広島、長崎の原爆被害報道が抑えられているなか、『朝日新聞』の1946年7月7日付の紙面に、実験の写真入りで掲載された。「原爆エイブル実験」は、世界に向けて公開された初めての核実験であった。以後、核実験が公開されたことはない。

2回目の「原爆ベーカー」（21キロトン）はラグーンに浮かべた揚陸艦の船底に設置され、7月25日に実験された。爆発直後に巨大な水柱が立ち昇り、崩れ落ちると「ベース・サージ」と呼ばれる大波となって標的艦を包み込み、ビキニ環礁全体に広がっていった。この実験後、1回目の実験で沈没を免れた標的艦のほとんどが沈んだ。戦艦「長門」も実験の5日後に沈んだ。沈没を免れたドイツの巡洋艦「プリンツ・オイゲン」は実験終了後、クワジェレン環礁エニブージ島沖に曳航され、転覆した。その後、エニブージ島に暮らす住民の子どもたちの一部に手足の欠陥が見られた。

「原爆ベーカー」実験は、放射性物質を含んだミストによって参加していた約4万2000人の兵士や科学者を被ばくさせ、「ベース・サージ」によってビキニ環礁の多くの島を放射性物質で汚染した。このため、3回目の実験として予定されていた「原爆チャーリー」の実験は取り止めとなった。

「クロスローズ作戦」が行われる前、アメリカはビキニ環礁から半径約555キロメートルの範囲を立入禁止区域としたため、ビキニ環礁の東側にあるロンゲラップ島とウォッジェ島の住民はビキニ環礁の南約200キロメートルのラエ島に、西側にあるエニウェトク島の住民はビキニ環礁の南約400キロメートルにあるクワジェレン環礁メック島に3か月間移住させられた。

「クロスローズ作戦」の2回目の原爆実験が終わった約半月後の8月6日、ロンゲリック環礁の島に移住していたビキニ島住民3人と長老のジュダがビキニ島に招かれ、6日間滞在した。ヤシの木には以前と同じように実が実っていて、浜辺には魚が群れていた。ヤシの実が実り、魚が群れていたのは、放射性物質による汚染の危険性があるため、兵士たちは取ることを禁じられていたためだった。しかし、ジュダたちには伝えられなかった。移住先のロンゲリック環礁の島に戻ったジュダが故郷ビキニ島の様子を伝えると、人々は望郷の思いをつのらせた。

移住先のロンゲリック環礁の島にはヤシやパンノキの実がなる木が少なく、魚もあまり取れない。取った魚のなかには毒をもっているものもいて、食べると腹痛や下痢などに悩まされた。このため人々は飢えにさいなまれ、移住2か月後の1946年5月には約50キロメートル西のロンゲラップ島に食料の援助を頼んだ。ロンゲラップ島の人々はヤシの実やコプラ（ヤシの果肉を干したもの）、パンノキの実（加熱して食べる）で作ったヨウカン、塩漬けの魚などをカヌーで運んだ。

同年9月、核実験後のビキニ環礁の放射能調査を行ったアメリカ兵がロンゲリック環礁の移住先に立ち寄ると、ピリップと名乗る男が「とても腹がへっている。食べるものは何もない。ヤシの実もない」と言い、ジュダは「われわれはいつビキニに戻れるのか」と聞いた。

アメリカの信託統治領になったマーシャル諸島

1947年7月、マーシャル諸島を含むミクロネシアはアメリカを唯一の施政権国とする国連信託統治領とされた。信託統治制度は国連憲章第12章の下、第2次世界大戦で分割された地域の政治的、経済的、社会的進歩を促進し、自治または独立に向かって発達することを促すためのもので、信託統治協定第6条は「アメリカは信託統治地域の自治または独立のいずれかの適切な方向に向けて……信託統治地域住民の発展を促し、この目的のために……農業、漁業および工業の発展を促進し、土地および資源の喪失から住民を守り……住民の健康を守る」と規定している。

これに対してアメリカは、国連憲章第82条によって「信託統治地域の一部または全部を含む、1または2以上の戦略地区を指定することができる」としてミクロネシアを「戦略的信託統治領」とした。また、信託統治協定第13条で「安全保障上の理由から、施政権者（アメリカ）は閉鎖区域を設定できる」ことも認められた。戦略的信託統治領とされたのはミクロネシアだけで、アメリカはミクロネシアを自国の安全保障上の重要な拠点として位置づけた。

エニウェトク環礁が核実験場に

この後、アメリカはビキニ環礁の西約350キロメートルのエニウェトク環礁を「太平洋核実験場」とし、「閉鎖地域」に指定した。核実験場に選んだ理由は、人口密集地から遠く離れ、嵐や極端な寒さがなく、上空1800キロメートルの風は均一で、住民に不必要な苦難を強いることがないことだった。

エニウェトク環礁は、南部のエニウェトク島を中心に伝統的首長イロージであるヨハネスが独自に管理するドリ・エニウェタと、北部のエンジェビ島を中心とするエブラアムというイロージが独自に管理するドリ・エンジェビの2つのコミュニティが併存するというマーシャル諸島では珍しい島だった。

1947年12月21日、2つのコミュニティの住民136人は約200キロメートル南西のウジェラン島に移住させられた。ウジェラン島は19世紀末に大型台風によって海底の岩やサンゴが海岸に打ち寄せられた荒れ果てた島で、ドイツと日本の統治時代に移り住んだ人々が持ち込んだヤシの木が少しあるだけだった。移住させられた人々は、ウジェラン島をそれぞれのコミュニティによって2つに分かれて暮らし始めたが、すぐに食料不足に陥った。さらに、ウジェラン島はマーシャル諸島の最西端にあって中心のマジュロ島から約1200キロメートル離れていたため巡航船による食糧援助が滞り、食料不足は慢性的なものとなった。

太平洋核実験場とされたエニウェトク環礁では1948年4月14日から5月14日まで「サンドストーン作戦」と呼ばれる3回の原爆実験が行われた。

マーシャル諸島住民の被ばくの始まり

「サンドストーン作戦」の核実験が始まる約1か月前、ビキニ島住民が移住しているロンゲリック環礁の島で火事が起き、島の約3分の1を焼失した。この火事でヤシやパンノミの木を失い、人々はいっそう食料不足に陥った。1947年のクリスマス前に訪れたハワイの文化人類学者は、人々がチアップと呼ぶヤシの木の若芽を食べ、一袋の小麦粉を水でといてすすっているのを目撃した。

こうした状態にもかかわらず、アメリカ軍は住民の新たな移住先を見つけられなかった。1948年3月14日、住民をクワジェレン島に移動させ、滑走路脇に建てたテントに仮住まいさせた。ビキニ島住民がクワジェレン島に移動後、ロンゲリック環礁の島を訪れたロンゲラップ島のジョン・アンジャインは、「チアップを採ったためにヤシの木は育っていませんでした。火事もあって、島は死んだと思いました」と言った。

1948年4月30日、エニウェトク環礁で行われた「サンドストーン作戦」の2回目の原爆実験（49キロトン）から約14時間後、約660キロメートル離れたクワジェレン島で、昼ごろから降り始めた雨から通常レベルよりも高い放射線が検出された（1994年2月、アメリカ人医師のエドワード・ラドフォードのアメリカ下院議会小委員会での証言）。雨水はマーシャル諸島の人々にとって飲料水や調理用水として貴重な水源で、降り始めるとあらゆ

る容器に水を溜める。滑走路脇の布製のテントで仮住まいをしているビキニ島住民には、雨水の放射性物質による汚染は伝えられなかった。

「サンドストーン作戦」の2回目の核実験は、フォールアウトによるマーシャル諸島の島々と人々を被ばくさせる最初となった（クロスローズ作戦では他の島への影響は報告されていない）。

「サンドストーン作戦」の3回目の原爆実験後、生み出されたフォールアウトは実験場のエニウェトク環礁の島々をはじめ、マーシャル諸島北東部に散在するビキニ、アイリングナエ、ロンゲラップ、ウトリックの各環礁の島々に降った。また、ウトリック島の住民に所有権があるタカ、ビカールの2つの島にも降り落ちた。

「サンドストーン作戦」の終了から約7か月後の1948年12月2日、クワジェレン島に仮住まいしていたビキニ島住民は、故郷ビキニの南約770キロメートルにあるキリ島に移住した。キリ島はドイツと日本の統治時にコプラがつくられていたが、太平洋戦争後は放置され、無人島となっていた。またキリ島は、マーシャル諸島では珍しい単一の島で、11月から翌年5月ころまでは強い貿易風が吹きつけて海が荒れ、漁もできず、他の島との往来もままならず孤立を余儀なくされる島だった。しかし、ビキニ島住民にとってキリ島以外に移住先はなかった。アメリカはヤシやパンの木を植え、食料を補給したが、人々はここでも飢えにさいなまされることになった。

スーパー兵器「水爆」の登場

1949年8月、ソ連が最初の原爆実験を行い、アメリカの核の独占が崩れた。また、1950年には朝鮮戦争が勃発し、アメリカは地域紛争に備えた戦力増強のために核兵器の備蓄を増やす必要に迫られた。さらに、「スーパー」と呼ばれる原爆の数百倍の爆発威力がある熱核反応爆弾＝水爆の開発の可能性が具体的となった。1950年1月、トルーマン大統領は「スーパー兵器」開発計画を加速することを承認した。スーパー兵器開発のための核実験はエニウェトク環礁で行うことが決められた。

スーパー兵器開発のための実験は「グリーンハウス作戦」と名づけられて、1951年4月から5月にかけて4回行われた。5月8日に3回目として行われた「原爆ジョージ（225キロトン。広島投下型原爆15キロトンの約15倍）」の実験は、スーパー兵器製造につながる熱核反応を引き起こすに十分な威力を生んだ。この実験によるフォールアウトはエニウェトク環礁の島だけでなくビキニ、アイリングナエ、ロンゲラップなどの環礁の島々に降り落ちた。

「グリーンハウス作戦」の終了から2か月後の1951年7月、マーシャル諸島を含むミクロネシアの統治を担当する部署がアメリカ海軍省から内務省に替わり、責任者として高等弁務官が任命された。以後、ミクロネシアには、人々を特定の地域に囲い込み、食料を与えて仕事は与えない「ズー・セオリー（動物園政策）」と呼ばれる統治政策がとられることになった。新たな統治政策の目的はミクロネシアの「南洋文化」を保存するためとされたが、実際は、アメリカの安全保障のために外国からの政治的、社会的影響を遮断することにあり、「スーパー」と呼ばれる水爆兵器の開発を支障なく進めることだった。

一方、四方を海に囲まれ孤立したキリ島で暮らすビキニ島住民とウジェラン島に暮らすエニウェトク島の住民は慢性的な食料不足に見舞われていた。「動物園政策」の下、アメリカは、農務省が余剰農産物で作ったUSDAフードをこれらの島々に支給したが、運搬手段である巡航船の運行が滞り、人々の食料不足は続いた。

世界最初の水爆実験

1952年11月1日午前7時15分、「アイビー作戦」と名づけられた核実験の1回目として「水爆マイク」（爆発威力10.4メガトン。広島投下型原爆の約700倍）の実験が行われた。「水爆マイク」は世界初の水爆で、エニウェトク環礁北西端のエルゲラップ島に作られた2階建て、重さ約65トンの建物のような装置だった。爆発の瞬間、エルゲラップ島は地上から消滅し、直径約2キロメートル、深さ60メートルのクレーターができた。

「水爆マイク」の実験前に南西約200キロメートルの

ウジェラン島に移住させられていたエニウェトク島の人々は全員、アメリカ海軍の船に乗せられて、さらに南西のコスラエ島(現在、ミクロネシア連邦コスラエ州)に向けて航行中だった。ウジェラン島を出てから数日後、「水爆マイク実験」は船に乗っていた多くの人々に目撃された。

「水爆マイク実験」に続いて11月16日に行われた「原爆キング」(爆発威力500キロトン)の実験のフォールアウトはウジェラン島からさらに西のポナペ島(現在、ミクロネシア連邦ポンペイ州)、グアム島にまで飛散した。

アメリカ軍の船で避難中に「水爆マイク実験」を目撃した人々がウジェラン島に戻ると、島のあらゆるものが細かい塵のようなもので覆われ、また天水溜めにフィルムのようなものが付けられていた。フィルムのようなものはアメリカ兵によってすぐに取り去られた。その後、天水溜めの水を使うと皮膚に発疹ができ、髪の毛が抜ける者が見られた。「水爆マイク実験」のフォールアウトによる被害を避けるために人々は洋上避難をさせられたが、移住先のウジェラン島に戻って被ばくしたのである。

「水爆ブラボー」の実験

「アイビー作戦」後の1953年4月2日、アメリカは水爆の小型化の開発を目指し、航空機で運搬可能な水爆開発のため「キャッスル作戦」という名の水爆実験計画を立てた。巨大な爆発威力を持つ水爆実験を複数回行うために新たな実験場探しが始まった。候補地にマーシャル諸島北部の無人島タオンギ環礁(ウトリック島の北約100キロメートルにあり、ウトリック島住民が所有する)が挙げられたが、面積が小さかった。「キャッスル作戦」の実験場として最終的に選ばれたのがビキニ環礁である。実験は1954年3月1日から4月22日まで7回行う予定だった。

「キャッスル作戦」を始めるにあたってアメリカは、1953年5月23日、エニウェトク環礁とビキニ環礁を含む東西約620キロメートル、南北約280キロメートルの長方形の範囲(日本の関東地方全域とほぼ同じ広さ)を危険区域として国際社会に通知した。危険区域の西端はロンゲラップ島の人々が頻繁にヤシの実やヤシガニ、魚などの食料を取りに出かけるアイリングナエ環礁の東側に位置していた。また、実験のフォールアウトの飛散範囲とその蓄積量を知るために粘着フィルムと固定型放射線測定器が世界122か所に設けられた(アイビー作戦時は111か所)。マーシャル諸島ではマジュロ、クワジェレン、ロンゲリック、ウジェランの各環礁の島にガンマ線自動記録装置が設置された。

1954年3月1日午前6時45分、夜明けの少し前、ビキニ環礁北西部のサンゴ礁上に造った土塁の上で「水爆ブラボー」が実験された。爆発威力は15メガトン、広島投下型原爆の約1000倍の威力で、爆心地には直径約2キロメートル、深さ約60メートルのクレーターができ、吹き飛ばされたサンゴはフォールアウトとなって東方に流れていった。

ビキニ環礁の東約180キロメートルのロンゲラップ島には82人が住んでいて、うち4人は妊娠していた。「水爆ブラボー実験」時、このうちの18人は約24キロメートル西にあるアイリングナエ環礁シフォ島にヤシの実などの食料を取りに出かけていた。ビキニ環礁の東約470キロメートルにはウトリック島があり、157人(うち9人が妊娠していた)が暮らしていた。両島の人々は早朝、西の空に明るい光を見た。その後、ロンゲラップ島では昼少し前から「パウダー」と呼ばれた白い粉が降り始め、ウトリック島では午後遅く島全体に霧がかかったようになった。ロンゲラップ島の人々は実験から50〜51時間後に、アイリングナエ環礁の島に出かけていた人々は約58時間後に、ウトリック島の人々は約76時間後にアメリカ軍によって避難させられた。ビキニ環礁の東約230キロメートル、ロンゲラップ島の東約50キロメートルのロンゲリック環礁の島で気象観測を行っていた28人のアメリカ人は、実験の34時間後に避難させられていた。

ロンゲラップ島の人々はほとんどが下痢や嘔吐、吐き気、脱毛とフォールアウトによる火傷(約90パーセントの人々がなんらかの火傷を負っていた)など放射線被ばくの急性症状に見舞われていた。

3月11日、実験を行ったアメリカ原子力委員会(AEC)は、「マーシャル諸島における所定の原爆(Atomic Bomb)実験中、あらかじめ決められた検査のため28人のアメリカ人職員と236人(実際は胎児を含めて252人)

の地元住民が予防措置としてクワジェレン島に移送された。それぞれは予期せぬ若干の放射線を浴びた。火傷はない。全員元気と伝えられる。所定の原爆実験終了後、住民たちは故郷の島に戻ることになるだろう」と発表した。クワジェレン島で被ばくしたロンゲラップ島住民などを診ていたアメリカ人のロバート・コナード医師は後に、「発表は誤解を生み、不正確と感じた。そのとき、住民たちにはいくつかの影響が見られていたからである」と言った。

　3月14日に母港の静岡県焼津に帰港したマグロ漁船「第五福竜丸」の乗組員は「水爆ブラボー実験」によるフォールアウトを浴び、火傷を負って東大病院に入院したことが同16日付の『読売新聞』などに掲載されたことで世界の人々が知ることになった。さらに、乗組員が持ち帰ったフォールアウトの成分が分析されたことで、この核実験が水爆実験であることが明らかとなった。それにもかかわらずアメリカは、3月26日に「水爆ロメオ」（11メガトン）、4月6日に「水爆クーン」（110キロトン）を実験した。

マーシャルの人々による水爆実験の即時停止要請

　1954年4月20日、マーシャル諸島の裁判官、教育長、教職員や医師、企業家のほか100人の人々の署名を付けた「マーシャル諸島住民より太平洋諸島に関する申立書――われわれの故郷の島々における致死的兵器の爆発に関する申し立て」を国連に提出した。申し立ては次のように書かれていた。

　　……これまで人類が知る爆発物の数千倍の破壊力を持つ爆発物の実験がもたらす危機が高まっていること、すでにマーシャル諸島の2つの環礁の住民が白血球の減少から火傷、吐き気、脱毛にいたる致死的かつ完全な治療を誰も約束できない被害を受けていることにかんがみ、われわれマーシャル諸島の住民は良心の命ずるところにより、マーシャル諸島がその一部である信託統治地域の人々の生命、自由、全般的福祉を保護すると誓った国連に緊急の申し立てを行わなければならないと感じている。……マーシャル諸島住民は、これらの破壊的兵器がもたらす危険に不安を覚えるだけでなく、自分たちの土地から追い出される人の数が増えていることに大きな懸念を抱いている。マーシャル諸島の人々にとって土地はとても大きな意味を持っている。土地は食用食物を作付けしたり、家を建てたりできる場所以上のものである。……土地は島民の命そのものである。土地を取り上げられれば、彼らの魂は死んでしまう。……マーシャル諸島のすべての自治体を代表するメンバーの集合体であるわれわれは、国連が切迫したこの訴えに基づいて具体的な行動をすることを願って、この申し立てを提出し、以下要請する。

　1　この地域内における破壊的兵器の実験をいますぐ停止する、
　2　この兵器が世界の万人の福祉に絶対的に必要だと判断され、停止できない場合、われわれは次のことを求める。
　　（a）爆発させる前に、可能な限りのすべての予防手段を講じ、すべての人間の大切な財産を安全な場所に移動すること。
　　（b）この地域に住むすべての人々に安全上の措置を教えること。ロンゲラップ島の住民が、フォールアウトが降り注いだ後に島の水を飲んではいけないことを知っていれば、大きな危険を回避することができたはずである。

　この申し立てを国連が公表したのは5月14日である。その間、アメリカは4月26日と5月5日にも実験を行っている。さらに5月14日には6回目の実験（エニウェトク環礁で実験）を行い、7回目の実験をキャンセルして「キャッスル作戦」を終了した。6回の水爆実験の合計爆発威力は約48.2メガトンと広島投下型原爆の約3220発分に相当した。

　キャッスル作戦1回目の「水爆ブラボー実験」の閃光はマーシャル諸島の多くの島の人々に目撃されていた。ビキニ環礁の南約260キロメートルのウジャエ島の女性は「明るい光を見た後、地面が揺れました。午後になって雨が降り、その後、数人の男たちの腕が油

で火傷をしたようになっているのを見ました」と言っている。ビキニ環礁から南東約450キロメートルのリキエップ島のトニー・デブラム（当時9歳、後にマーシャル諸島共和国の外務大臣）は「閃光が光ったときは何百万個の電灯を灯したより明るく、目がくらんだ。閃光は西に見えたので、太陽が狂って西から昇ったと思い、地球の終わりが来たと思った」と語っている。さらに、「フォールアウトが降り、屋根裏から多数のヤモリが落ちてきて、死んだ」と付け加えた。

ビキニ環礁の南東約505キロメートルのアイルック環礁の住民は、「西の空に明るい光を見てから15分ほど後に、大きな爆発音を聞き、家が揺れた。あまりの揺れに村の家全部が壊れるかと思った。みんな驚いて、昔の日本とアメリカの戦争を思い起こしたようだった」と言った。アイルック島では、アメリカが行った空中放射線測定で高いレベルを計測したが「それによる被ばく放射線量は許容範囲内で健康被害は起きない」と判断し、住民401人の避難を見送った。

隠されていた被ばく
——40年以上後に明らかになった被ばくの事実

「水爆ブラボー実験」を含む「キャッスル作戦」の終了から約40年以上が過ぎた1990年代半ば、この実験に関するアメリカの機密解除文書からフォールアウトによるマーシャル諸島の人々の被ばく被害が明らかになった。1955年1月にアメリカ原子力委員会保健安全局（AEC/HASL）が作った報告書では、ロンゲラップ島住民の被ばく放射線量は2020ミリシーベルト（発表当初は1750ミリシーベルト）で、半致死線量4000ミリシーベルト（30日間に約50パーセントの人が死亡する被ばく放射線量、全致死線量は6000～7000ミリシーベルト）の半分を超えていた。ウトリック島住民は240ミリシーベルト（当初は140ミリシーベルト）で、住民の避難を見送ったアイルック島は約62ミリシーベルトだった。マーシャル諸島の点在する5つの島と29の環礁のうち、合わせて26の島と環礁がフォールアウトに汚染され、推定で約1万4000人が被ばくしていたことが明らかとなった。

疑われる人体実験

もうひとつ明らかになったことは、マーシャル諸島の人々が「人体実験では」と言う「プロジェクト4.1医学調査研究」である。「プロジェクト4.1研究」は、「キャッスル作戦」のなかの生物医学研究の一部で、正式名は「高爆発威力兵器のフォールアウトによるベータ線およびガンマ線によって被ばくした人間の反応研究」（1953年11月10日付「キャッスル作戦科学プログラム概要」による）と呼ばれた。この研究プロジェクトは、原子力委員会保健安全局と国防省（DOD）、軍特殊武器プロジェクト（AFSAWP）と海軍医療研究所（NRDL）によって設立された。「高爆発威力兵器」とは水爆をさす。「プロジェクト4.1研究」は、ロンゲラップ島とウトリック島の住民、ロンゲリック環礁の気象観測員がクワジェレン島に避難させられた後の1954年3月8日、アメリカ本土から駆けつけたAEC生物医学局のユージン・クロンカイト局長などによって始められた。フォールアウトによるひどい火傷を負ったロンゲラップ島の人々は、火傷の箇所にカサブタができ、はがれるときには激しい痛みを伴い、その間は高熱に苦しんだ。しかし、治療もされず、薬も与えられず、観察され続けた。一方で、血液と尿は採取された。

「水爆ブラボー実験」のフォールアウトを浴びせられたマグロ漁船「第五福竜丸」の乗組員23人から採取された血液も、この研究に使われた。

1954年10月に「プロジェクト4.1研究」の最終報告書が作られたが、計画当初に使われていた「高爆発威力兵器、ベータ線およびガンマ線による被ばく」という部分が消え、報告書のタイトルは「フォールアウトで偶発的に（accidentally）著しく被ばくした人間の反応研究」と変わっていた。「プロジェクト4.1研究」は、水爆を使用した場合のフォールアウト被ばくによる人間の最少致死放射線量を知ることが目的だったことが明らかとなった。

「安全だが……最も汚染された場所」

1956年3月8日、国連の太平洋信託統治理事会（TC）

とマーシャル諸島議会の委員会メンバーとの会合がマジュロ島で開かれた。これは、1954年4月20日付のマーシャル諸島の人々による申し立てに対する信託統治理事会の反応を知るためと、アメリカの次の核実験が近づいていたからだった。TCは、マーシャル諸島を含むミクロネシアを管理する高等弁務官からの回答として「核実験を事前に知らせる」、「実験地域周辺の住民の安全確保と人々の福祉を優先する」との旨をマーシャル諸島議会委員会メンバーに伝えた。

マーシャル諸島議会委員会メンバーは、致死的兵器実験の即時停止と核実験場となったビキニ環礁やエニウェトク環礁の住民の土地の喪失に関して何の補償もされていないとし、翌日の3月9日付で再度、実験の即時停止と土地の補償などについて裁判官や教育長など11名の署名をつけて申し立てを提出した。これに対してアメリカは「危険区域外に影響が及ぶ可能性がある場合には実験は行わない」、「フォールアウトは危険区域内だけに発生すること」を保証するとした。

1956年5月4日、エニウェトク環礁で「レッドウィング作戦」と名づけられた核実験が始まった。これは実戦使用が可能な水爆兵器の開発を主な目的とした実験で、7月21日まで、ビキニ環礁で6回、エニウェトク環礁で11回行われた。このうち、5月4日に行われた「原爆ラクロス」（40キロトン）と、5月27日に行われた「水爆ズニ」（3.5メガトン）の実験のフォールアウトは爆心地のエニウェトク、ビキニとアイリングナエ、ロンゲラップ、ロンゲリックのそれぞれの環礁の島々とウトリック島の北にあるビカール環礁の無人の島々に降り落ちた。

ロンゲラップ島の人々はクワジェレン島に避難させられた後、約3か月後の1954年6月にマジュロ環礁のエジット島に移動させられていたため、さらなるフォールアウトを浴びさせられることはなかった。

ウトリック島の人々は、1945年5月30日に故郷の島に戻されていた。「水爆ブラボー実験のフォールアウトによる被ばく放射線量は低く、後遺的影響は考えられない」というのがその理由だった。しかし、実際は、ウトリック島には「水爆ブラボー」を含む「キャッスル作戦」の6回の水爆実験のフォールアウトによって当初公表された量よりも高い放射線があった。

ウトリック島住民の帰島についてアメリカ原子力委員会（AEC）は「…現在は住むには安全だが、世界でもっとも汚染された場所のひとつであるこの島に彼らが住むこと」で、「どの種類の放射性元素を摂取するかを多くの人の尿を通して遡ることができるなど良好な環境データを得ることができるし、また、汚染された環境に人間が住んだ場合の人間への（放射性物質の）摂取量のデータも得られるのである。この種のデータはいままでにない。これらの人々は西洋人がするような、すなわち文明化された人々がするような生活をしていないことが事実である一方、ネズミよりはわれわれに近いということもまた事実である」と述べている。

被ばく者に寄り添わない検診

クワジェレン島からマジュロ環礁エジット島に移動させられて暮らすロンゲラップ島住民と故郷の島に帰ったウトリック島住民は、水爆実験のフォールアウトを浴びせられて以降はAECの医師団によって定期的に検診されていた。1956年3月からは、ブルックヘブン国立研究所の医師団が検診することになった。被ばくしたロンゲラップ島住民の健康状態は良好に見えるが、血液成分に異常があり、火傷を負った皮膚も完全には回復していなかった。医師団の検診が終わった約3か月後の1956年5月、被ばくしたロンゲラップ島住民の1人イクヤックが亡くなった（享年46歳）。被ばくしたロンゲラップ島住民のなかの最初の死者で、心臓病と診断された。ブルックヘブン国立研究所の医師団は「イクヤックの死はフォールアウトによる被ばくとは関係がない」としたが、人々は「本当にそうか？」と疑っていた。1957年1月、AECはアイリングナエ環礁やロンゲリック環礁の島々を除くロンゲラップ島だけへの住民の帰島を決定した。

同年3月、ロンゲラップ島村長ジョン・アンジャイン、教師のビリエット・エドモンド、ティマ・メリリン、イロシ・ケペンリ、ウトリック島被ばく者のレックス・レーレンとルーベン・レーレンの6人がシカゴのアルゴンヌ国立研究所に招かれ、ホール・ボディ・カウンターで体内の放射線量を測定された。測定の過程はテレビ中継され、担当したロバート・コナード医師は、「体

内の放射線量は世界のほとんどの人に見つけられる量より数倍高かったが、危険なレベルよりははるかに低い」と語った。

汚染された島への帰郷

1957年6月29日、水爆実験のフォールアウトで被ばくしたロンゲラップ島住民85人（亡くなったイクヤックを除き、エジット島で生まれた4人の子どもを含む）と1954年3月1日の「水爆ブラボー実験」のときロンゲラップ島以外のマーシャル諸島の島にいたロンゲラップ島住民165人が共に帰島した。故郷のロンゲラップ島には学校、教会、診療所のほか26棟の家が建てられていたが、いずれも地上から約140センチメートルの高さの高床式だった。低平で、風通しのよいマーシャル諸島では、こうした高床式の家は珍しい。また、マーシャル諸島の島々ではワトと呼ぶ所有権がある土地の区分がある。ところが、これが無視され、自分の所有権がある土地に他人の家が建っていた。

ロンゲラップ島住民の故郷の島への帰還について、1956年にブルックヘブン国立研究所は次のように書いた。

> （…前略…）研究と産業分野における放射性物質の広範な使用は、人々をイオン化された放射線をさまざまな形で被ばくさせる可能性を増大させている。動物に対する放射線の影響調査は多数行われているが、そのようなデータによる人間への影響の推測には限界がある。（…中略…）人間への放射線の影響に関する価値あるデータは広島、長崎の被爆者とマーシャル諸島で原爆により被ばくした人々、少数の隔離された研究所での事故とラジウムを吸入した個人からのものでしかない。
>
> 被ばくしたマーシャル諸島住民のグループは、放射線照射、皮膚のベータ線火傷、放射性物質の体内吸収という被ばくによるすべての形態による傷害を負っており、人間に関する被ばくデータのもっとも価値ある情報を提供している。（…中略…）ロンゲラップ島の放射線汚染が人間の居住に完全に安全だとしても、その放射線レベルは世界で人間が住むいかなる所よりも高い。その島にこれらの住民が住むことは、人間に関する最も価値ある環境放射線データを提供するであろう。

さらに次のように言う。

> （…前略…）マーシャル諸島住民の調査にはいくつかの好ましい要因がある。ロンゲラップ島の被ばく、非被ばくの住民は相関関係にあり、均一な人口を保持している。彼らは同じ環境に暮らしており、グループとしていつまでも共に暮らすことを望んでいる。また日本人（被ばく者）と大きく違って、これらの人々は心理的に最小限の管理がされているだけで身体への外傷はまったくない。これらの事実から見ればマーシャル諸島住民の継続的医学調査は年間ペースで行うことができる。

帰郷したロンゲラップ島住民のうち、フォールアウトを浴びせられた85人は、顔写真が付けられ、名前と性別、客体番号と生年月日、出生場所、結婚の有無と子どもの数が記入された「特別医療グループ・ロンゲラップ島被ばく者」と明記された薄緑色のカードが配られた。1954年3月1日にマーシャル諸島の他の島にいて今回の帰郷に共に帰ったロンゲラップ島の人々は同じことが記入された「特別医療グループ・ロンゲラップ島非被ばく者」と記されたピンク色のカードが持たされた。ウトリック島の住民にはカードは配られなかった（163ページ参照）。

ウトリック島とロンゲラップ島の人々が帰郷した島は、核実験のフォールアウトに汚染されたままであった。アメリカは、汚染された環境に人間が住んだ場合の人々への危険性については何も伝えなかった。さらに、人々の帰郷後も行われた核実験によって繰り返し被ばくする危険性も伝えなかった。

核実験が終わる──終わらない被ばく被害

1958年4月28日、アメリカ国防省は太平洋で行っていた高高度での核実験「ニュースリール作戦」のひとつとしてエニウェトク環礁の北東約136キロメートル

の上空2.6キロメートで気球に吊って原爆実験を行った。さらに1958年5月5日から8月18日まで、「ハードタックⅠ作戦」と名づけられた核実験がビキニ環礁で10回、エニウェトク環礁で21回行われた。5月26日にエニウェトク環礁で行われた原爆実験（57キロトン）のフォールアウトは、実験地のエニウェトク環礁の島々のほかにウジェラン島とミクロネシア連邦のポナペ島（ポンペイ州）に降り落ちた。6月10日にビキニ環礁で行われた爆発威力213キロトンの原爆実験のフォールアウトは、アイリングナエ、ロンゲラップ、ロンゲリック、ウォットゥ、ウジャエ、ラエ、クワジェレンの各環礁の島々に降り落ちた。

アメリカが1958年8月18日、エニウェトク環礁で行った原爆実験がマーシャル諸島での最後の核実験となった。1946年から1958年まで、マーシャル諸島ではビキニ環礁で23回、エニウェトク環礁で44回の合計67回の核実験が行われた（アメリカは1958年4月28日の実験は太平洋上での実験としてマーシャル諸島での核実験数には入れていない）。

67回の核実験の総爆発威力は約108メガトン、広島投下型原爆（15キロトン）で換算すると約7200発分に相当した。つまり、12年間に、マーシャル諸島では、広島投下型原爆が、毎日約1.6発以上が爆発していたことになる。

起きないはずの被ばくの影響が現れる

故郷の島に戻ったウトリック島とロンゲラップ島の人々、特に女性たちの間では死産と流産が起きた。死産と流産は定期検診を行うアメリカの医師団には伝えられなかったため、その原因は究明されなかった。

1962年、ロンゲラップ島の住民に甲状腺に結節のようなものが見られるようになった。翌年には、それが甲状腺結節であることが明らかとなった。

ウトリック島の人々の間に甲状腺結節が見られたのは1969年だった。アメリカ医師団はウトリック島の人々がフォールアウトから受けた放射線は低く、何も起きないとしていたのだが……。

1964年5月5日、国連信託統治理事会のメンバーがロンゲラップ島を訪れ、ロンゲラップ島の評議会委員と会合を持った。委員の1人は、「放射線で火傷を負った日本人漁船員が少し遅れて補償受けたことに比べて、ロンゲラップ島の被害者に対する補償が大幅に遅れている」と訴えた。別の1人が、「ヤシガニが食べられないことが続いているのはなぜか」と尋ねた。ヤシガニには、脱皮のたびに自分の脱皮した殻を食べる習性がある。このため、核実験のフォールアウトに汚染されたヤシガニには放射性物質が長く残る。しかし、それはロンゲラップ島の人々には理解されなかった。

信託統治理事会のメンバーはロンゲラップ島を訪問中に、毎年定期的に住民を検診しているブルックヘブン国立研究所の医師団から1964年初めの検診結果の要旨を受け取った。要旨は、「白血病や放射線被ばくに関する病気の証拠はまったくない。被ばくしたロンゲラップ島住民のうち5人が亡くなったが、死因は放射線とは関係ない」と記されていた。

「水爆ブラボー実験」から10年目を迎えたロンゲラップ島住民のアメリカ医師団の定期検診は、1964年2月末から3月初めにかけて行われた。医師団には、日本の放射線医学研究所の熊取敏之博士が参加した。熊取医師は、「ブラボー実験」のフォールアウトを浴びせられたマグロ漁船「第五福竜丸」の乗組員の主治医で、彼らを診察した後、アメリカ医師団団長のロバート・コナード医師と共にホノルル、クワジェレン島を経由してやってきた。村長のジョン・アンジャインをはじめそのほかの人々も日本人医師が同席していたことを覚えていなかった。帰国後、熊取医師は1964年4月2日付の『中国新聞』に載せた手記に、「10年前のようなことが起きぬよう子どもたちに幸せがくることを祈りつつ、原子力開発のうえで医学が占める役割の重要性をもっと広く認識してもらう必要のあることを痛感しつつ、ロンゲラップ島をあとにした」と書いた。

このときの検診でも3人の女性から甲状腺結節が見つかった。翌年3月の定期検診ではさらに3人の子どもに甲状腺結節が見つかった。うち2人には成長の遅れが見られ、これは甲状腺の萎縮が原因とされた。同年9月、アメリカ医師団のコナード医師は、被ばくしたロンゲラップ島住民に「シンスロイド」と呼ばれる甲状腺ホルモン剤を服用させ始めた。

1966年1月、アメリカ政府は「水爆ブラボー実験」

のフォールアウトを浴びせられ、傷害を負ったロンゲラップ島住民に慰謝料として95万ドルを与えた。1970年代に入ると、被ばくしたロンゲラップ島住民の間に「見たこともない病気」で亡くなる者が現れるようになった。「お腹が異常に膨らんで死んだ」、「黒い便を出して死んだ」などである。後に人々は、それががんであることを知ることになった。そして、甲状腺を指す「タイロイド（thyroid）」や「ガン（cancer）」という言葉が人々の口から発せられることになる。また、アメリカ医師団に身体の不調などを訴えても、何が起きているのかは知らされず、「歳のせいだ」などと言われるなどしたため検診に不満を抱く者も現れた。

1972年1月、マーシャル諸島選出のミクロネシア議会上院議員のアダジ・バロスは、「アメリカは人間に関する放射線の影響研究のためにマーシャル諸島の人々にフォールアウトを浴びせ、ブルックヘブン国立研究所の医師団の検診はロンゲラップ島の人々をモルモットのように扱っている」と非難し、「アメリカ医師団に検診や治療はさせない」と言った。この結果ロンゲラップ島とウトリック島の人々は、アメリカの医師団に対し、「独立した立場の医師が加入するまで定期検診を拒否する」と伝えた。

バロス議員は同年8月、再び原水爆禁止世界大会（原水禁大会）に参加した（バロス議員は、前年の原水禁大会に参加している）。2度目の参加のときは、元ロンゲラップ島村長のジョン・アンジャインといっしょだった。このとき、ジョン・アンジャインは日本人医師によるロンゲラップ島、ウトリック島の被ばく者の検診と治療を求めた。

ジョン・アンジャインがマーシャル諸島に帰国してしばらく後、11月15日に4男のレコジ・アンジャインが入院先のアメリカ、メリーランド州ベセスダの病院で急性骨髄性白血病のため19歳で亡くなった。アメリカはレコジの死を「人類の水爆死1号」と呼んだ。

水爆実験のフォールアウトによる被ばくの影響はレコジが亡くなった後も容赦なく現れた。水爆実験から20年後の1974年6月に公表されたAECの医療報告は、「フォールアウトを直接浴びせられたロンゲラップ島とウトリック島の住民のうち約28パーセントに甲状腺結節と腫瘍ができた」としている。また、ブルックヘブン国立研究所の調査では、「ロンゲラップ島でフォールアウトを浴びせられた胎児を含む68人のうち29人に甲状腺異常があり、24人はすでにアメリカで甲状腺の切除手術を受けた」とされている。

ビキニ島住民の帰島、そして退去

1968年8月12日、ビキニ環礁での核実験が終わって10年後、アメリカのジョンソン大統領はキリ島などの移住先に暮らす約540人のビキニ島住民に対して、島に残る放射線量が危険なレベルを下回ったとして「安全宣言」を発表した。翌年2月からビキニ島とビキニ環礁南西端のエニュー島の放射性物質除染作業がアメリカ空軍兵などによって行われた。除染作業が10月に終了すると、AECは「放射線はまったく残っていない、動植物に影響はない」とした。

1972年、帰郷するビキニ島住民のための住宅40戸が完成した。しかし、ビキニを核実験場に使ったことに対する補償金の支払い問題で折り合いがつかず、帰郷は進まなかった。1974年7月までに帰郷したのはジャケオ兄弟の2家族23人だけだった。それでも、この年の年末までに120人ほどが帰郷した。帰郷しなかったローリー・ケシプギは、「何か変で、帰る気がしなかった」と語っている。

1975年8月、ビキニ島に残る放射線量が基準値以上に高いことがわかり、これ以上の帰郷が制限された。すでに帰郷した人々もヤシの実などを食べ過ぎないよう、アメリカから警告を受けた。さらに1976年の春、帰郷していた住民の体内から異常な量のプルトニウムとセシウムが見つけられた。1977年にホール・ボディ・カウンターで彼らの体内の放射線量を測ったところ、セシウムの量は前年の倍以上に増えていることがわかった。

アメリカは、体内のセシウム量の倍増はヤシの実の食べ過ぎと考え、1977年12月、ヤシの実の摂取は1人1日1個に制限した。そして、急きょ、代替食料として大量の農務省の「USDAフード」の支給を行った。

たしかにマーシャル諸島の人々は水の代わりにヤシの実の汁を飲み、果肉はすりおろしてコメを炊くときに使い、干したコプラはおやつ代わりに食べる。この

ようにマーシャル諸島では、ヤシの実を1日に何個も食べることが習慣となっている。アメリカの1人1日1個という摂取量の制限は、事実上の食用禁止を意味したが、マーシャル諸島の人々にとっては、目の前にたわわに実るヤシの実を食べるのが当たり前だった。

1978年4月、アメリカはビキニ島の代表者をマジュロ島に集め、高等弁務官の立ち合いの下、ビキニ島をむこう60年間閉鎖し、帰郷している住民もキリ島に移動させると通告した。通告はキリ島に住むビキニ島住民とビキニ島に帰島していた人々に伝えられた。1978年8月31日、ビキニ島に帰郷していた139人全員が退去させられた。しかし、アンロー・ジャケオとジュクワ・ジャケオの兄妹とその家族は、牢獄のようなキリ島行きを拒否してマジュロ環礁エジット島に移住した。

帰郷していたビキニ島住民が故郷の島から退去させられた後の1978年8月、アメリカエネルギー省（DOE、AECの後身機関の1つで、原子力の研究・開発を担当するアメリカエネルギー研究開発局ERDAを吸収して発足）は、20年間公表が差止めだったマーシャル諸島北部に散在するビキニ、エニウェトク、ロンゲラップ、ウトリックなど12の環礁と2つの島で行った放射線量調査を公表した。これは1958年にAECが行った調査の報告書で、これらの島々は「中規模」の放射線被害を受けていた。この調査報告書の内容を知ったビキニ島の人々は、「ビキニ安全宣言」が嘘だったこと、汚染があることを知りながら帰郷させたことに怒り、別の研究機関によるビキニ環礁とマーシャル諸島北部環礁の島々の放射線調査を要求した。

1982年10月、マジュロ島に住むビキニ島住民ジェンドリック・レビティクスの長男ダイアルがリンパ腺がんで亡くなった（享年11歳）。ジェンドリックはビキニ島で行われていた除染作業の終了前、島の復興作業の一員として妻とともに戻り、滞在中にダイアルが生まれた。

ロンゲラップ島からの住民の退去

1982年11月、アメリカ政府が行ったマーシャル諸島北部の12環礁の島々の放射線調査報告書『1978年調査のマーシャル諸島北部環礁における放射線の意義』（66ページ）が公表された。マーシャル語と英語の解説がついたこの報告書はカラー刷りで、核実験のフォールアウトがどのように広がり、どのように人間の体内に入り、どんな健康被害を引き起こすかなどについて、調査した環礁のすべての島々の残留放射線量を①微量、②少量、③多量、④大量の4段階に色分けして示した。また、それぞれのレベルの放射線量による人間への影響についても解説した（エニウェトク環礁の放射線調査は1979年9月に、ビキニ環礁の調査については1980年7月に公表された）。

この調査報告書の内容は、ロンゲラップ島の人々を動揺させた。人々が住むロンゲラップ島と環礁南部の島々の残留放射線量はすべて③の多量で、環礁北部の島々はすべて④の大量に色分けされていたからである。帰島した人々が退去させられたビキニ島は④の大量だった。

ロンゲラップ島では、1982年3月時点で1957年6月に帰郷した被ばく、非被ばくを合わせたロンゲラップ島住民の約6分の1の人々に甲状腺がんが見られ、甲状腺異常も相次いで見つかった。また、生まれつき手足に異常があったり、心臓などの内臓に疾患があったりする2世や3世の子どもたちも多数見られるようになった。大量の放射線が残るビキニ島の人々はすでに退去させられたが、ロンゲラップ島に多量の放射線が残っていることが明らかになり、実際、被ばくによると思われる被害が見られるようになったことで、人々はアメリカが「ロンゲラップ島は安全」と言い続けてきたことが嘘ではないかと疑問を持ち始めた。

人々は何回も話し合い、最終的には「子どもたちの将来のために」として故郷のロンゲラップ島から離れることを決めた。これに対してアメリカエネルギー省（DOE）や住民の検診を定期的に行っているブルックヘブン国立研究所などは「住み続けても健康に問題はない」と主張した。1954年3月、ロンゲラップ島の被ばく者の1人のリジョン・エクニランがアメリカ下院議会で次のように発言した。

放射線の危険性に対する心配から私たちは6週間以内に故郷のロンゲラップ島から退去し、クワジェレン環礁北西端の島に移住する予定です。こ

の移住はロンゲラップ島住民に多くの苦難を生み出すことになるでしょう。私たちに移住先の島の所有権はなく、生活を維持するためにはマーシャル諸島の人々の援助に頼らなければならないからです。

マーシャル諸島議会の承認とアメリカ下院議会小員会の委員長からの少額の援助を得ることが決まると、人々は移住の準備を始めた。移住先のメジャト島までの約190キロメートルは、環境保護グループ・グリーンピースの船「レインボー・ウォーリア（虹の戦士）号」で行うことになった。ロンゲラップ島で移住の手順が話し合われた後、女性たちが「故郷の島を離れる歌」を合唱した。ロンゲラップ島の女性たちの多くは甲状腺の切除手術を受けており、歌声は他のマーシャル諸島の女性の歌声に比べて低い声だった。

　リジブクラ（ロンゲラップ島の古い神様の名前）はなんというだろう。北の島からの知らせでは、私たちロンゲラップの人々が故郷の島を去るという。私たちの退去はずっと前からコンピュータに記録されている。それは、私たちの身体の中がポイズン（放射性物質）で一杯だと告げている。
　人々は故郷の島についてどのくらい長く話し合っていただろうか。私たちの島は祖先からのもの。それは豊穣で、イロージ（伝統的首長）と祖先からの遺産だ。けれどもポイズンは私たちを侵している。私たちは故郷の島を去らねばならない。

1985年５月20日から31日まで４回にわたって325人全員がメジャト島に移住した。ビキニ島住民に次いでロンゲラップ島の住民が核実験の放射能汚染によって故郷を追われたのである。

補償の受け入れと、賠償請求訴訟の禁止

ロンゲラップ島住民が故郷の島から退去、移住する２年前の1983年９月７日、アメリカから提出されていた自由連合協定の可否を問う住民投票がミクロネシアで行われた。協定は「発効後、ミクロネシア各地は独立のような政治形態になるが、外交権と防衛権はアメリカが掌握する」というものであった。

　協定では、マーシャル諸島に対しては、協定期間の15年間に７億5000万ドルの経済援助を支払うとした。さらに、自由連合協定第177条の「放射能補償協約」と呼ばれる付属文書によって、核実験場となったビキニ島住民に7500万ドル、エニウェトク島住民に4875万ドル、水爆実験で被ばくさせられたロンゲラップ島住民に3750万ドル、ウトリック島住民に2250万ドルの合計１億8375万ドルを、また４島住民の健康管理費として年間200万ドル（15年間で3000万ドル）を支払うとした。一方で、被ばく者のアメリカ政府に対する賠償請求訴訟を起こすことを禁ずるとしていた。

　自由連合協定の是非を問う住民投票は、ビキニ、エニウェトク、ロンゲラップ、ウトリックの各島の住民とミサイル実験が行われているクワジェレン島の住民の多くは反対票を投じた。しかし、最終的に、マーシャル諸島の全体では約58パーセントの賛成で協定は受けいれられた。

　「放射能補償協約」ではアメリカの核実験で健康被害を受けたマーシャル諸島住民個人の補償と島々の損害を査定、裁定する裁判所のような機関として1988年マーシャル諸島に「核被害補償裁判所（NCT：Nuclear Claims Tribunal）」が設立され、運営する資金として年間50万ドル（15年間で750万ドル）、補償金などの原資として4575万ドルが1988年に支払われた。

　NCTは、アメリカの「放射線被ばく退役軍人補償法」や日本の「原爆医療法」を参考に、個人の被ばく補償の対象とする疾病を特定する作業に入り、1991年８月までに25の補償の対象となる疾病と補償額を設定した。補償は、1946年６月30日から1958年８月19日までマーシャル諸島に住んでいたマーシャル諸島住民で、白血病や胃がん、多発性骨髄腫などは12万5000ドル、甲状腺がんは７万5000ドル、ベータ線火傷や摘出手術が必要ではない甲状腺結節などは１万2500ドルなどとした（1994年までにさらに11の疾病を加えて36の疾病を補償の対象とした）。

未払いがあるまま、補償金の支払いを終了

　1990年代入ると、帰郷したロンゲラップ島住民の尿から危険な放射性物質のプルトニウムとセシウムが検出されていたことが明らかにされた。1990年3月、マーシャル諸島政府はマーシャル諸島全域の島々に残る放射線量を調査する「マーシャル諸島全国放射線調査（NWDS）」を始めた。NCTはマーシャル諸島議会で核実験が原因と思われる疾病にむしばまれていると訴えるマーシャル諸島住民の公聴会を開催し、その後、個人の被ばく補償の受け付けを開始した。補償請求は1990年6月末までに5575件を数えた。

　1991年8月、NCTの個人補償の最初としてロンゲラップ島の被ばく者ポール・ユルチマンのベータ線火傷と甲状腺結節が被ばくによる疾病と認められ、補償金が分割払いで支払われた。もともと原資が少ないため、これ以降のNCTの補償金支払いもすべて分割払いとなった。

　1994年8月時点でNCTが集計したマーシャル諸島の人々の被ばくに関連した疾病は、手術の必要のない甲状腺結節が最も多く、次いで部分的切除が必要な甲状腺結節、甲状腺機能低下症、甲状腺がん、急性放射線症、ベータ線火傷、乳がん、卵巣がん、胃がんの順となっている。これらの疾病は、マーシャル諸島のほぼ全域の23の島々の住民に見られた。

　2006年9月28日、NCTは補償金の原資がなくなったため、被害を受けた個人と資産を喪失した島々への補償金の支払いを終了すると宣言した。これまで被害を受けた個人の補償金の受け取りが認められたのは2127人で、支払い総額約9660万ドルのうち7350万ドルが支払われたが、残りは未払いとなった。受給資格者のうち1000人以上の人々は補償金の一部を受け取っただけで亡くなった。また、エニウェトク、ビキニとウトリックの島々の喪失資産の補償金約10億ドルが未払いとなった。2007年4月にNCTによってロンゲラップ島の喪失資産は約10億3100万ドルとされたが、ほとんど支払われていない。

　NCTが補償金の支払いを終了した背景には、1987年に発効した15年間期限の「自由連合協定」の「放射能補償協約」が2003年に終了したことがある。終了前の2000年9月、マーシャル諸島共和国政府は核実験被害補償の追加資金として総額約32億ドルをアメリカに請求したが認められず、2003年に協約を終了したのだった。

　NCTの被ばく者個人の損害補償の支払い終了直前の2005年4月、マーシャル諸島共和国政府は、アメリカの国立がん研究所（NCI）や保健社会福祉省（DHHS）などが、核実験によるマーシャル諸島の人々への影響は1954年当時10歳前後の者を中心に白血病や甲状腺がんなどが約530例発症すると見積もった報告書を入手した。この報告書は2004年9月、アメリカ上院議会の委員会に提出されたものだった。

人権侵害としての核実験による被ばく

　2011年9月、マーシャル諸島共和国の外務大臣ジョン・シルクは国連の一般演説で、「国連は戦後初の核実験の結果に取り組むことに明らかな責任があり、マーシャル諸島での核実験の過去の歴史を知るべきである」と述べた。国連人権理事会は2012年3月にアメリカ、同年4月にはマーシャル諸島に特別報告者を派遣し、核実験によるマーシャル諸島の被ばく住民の人権問題について調査し、2012年9月3日に19ページの報告書が提出された。

　2012年9月13日、ロンゲラップ島で水爆実験のフォールアウトを浴びせられたリミヨ・アボンが、国連人権理事会があるスイスのジュネーブで証言した。リミヨは14歳で被ばくしたときの状況とその後の女性たちの異常出産、アメリカの非人間的な検診などの体験を話した後、次のように述べた。

　　私たちは放射線が人間を破壊すること、今日まで愛する故郷を失ったことによって文化的な暮らしが破壊され続け、放射線被ばくが引き起こす病気に苦しめられていることをさまざまな方法で世界に伝えてきました。（…中略…）放射線を帯びた土壌、植物、屑などを取り除くことで1つの島の状況は改善されるでしようが、それで安全なのでしょうか。私たちの文化は、食料、薬、住宅の建設、

水とその他の資源を（環礁内の）多くの島々から得て、それらを利用することに依存しています。マーシャル諸島では1つの島だけではコミュニティを維持できません。1つの島の部分的な除染は、故郷の島を復興させたとは言えないのです。マーシャル諸島の人々は、アメリカの核兵器実験による人権侵害に関する国連人権理事会特別報告者の調査を称賛します。また、アメリカは、NCTが裁定した補償金を全額支払うべきであり、医学的支援を拡大し、全国的な保健システムの構築を支援すべきという提言を称賛します。

なおも続く被ばく被害

アメリカがマーシャル諸島で行った核実験の結果について、「アメリカ疾病管理対策センター（CDC）」は1998年、「甲状腺異常などを引き起こす放射性ヨウ素131の放出量は約63億キュリー」と見積もり、「この量はネバダ実験場で行った約100回の大気圏内核実験で放出された量（約1億5000万キュリー）の42倍、1986年4月、ウクライナのチェルノブイリ原発4号炉の爆発事故で放出された量（約4000万キュリー）の約157倍」とした。しかし、2005年に開催されたアメリカ上院議会小委員会の公聴会に参加したマーシャル諸島共和国政府の代表は「ヨウ素131の放出量は最低で79億キュリー、最大で85億キュリーである」と主張した。

フォールアウトに含まれるヨウ素131やセシウム137、ストロンチウム90とプルトニウム238などは今もマーシャル諸島の北部環礁の島々に残っている。2019年5月、コロンビア大学物理学科などの研究者たちは北部環礁の島々のガンマ線量とセシウム量を測定した結果を公表し、「エニウェトク環礁エンジェビ島、ビキニ環礁の島々とロンゲラップ環礁ナエン島が非常に高い」とした。現在、エニウェトク環礁のエンジェビ島とビキニ環礁の島々は無人島となっている。ロンゲラップ島は1997年に始まった除染作業が終了したが、住民たちは放射線への恐れから帰郷していない。帰郷した場合、人々はナエン島で取れる汚染された危険性があるヤシガニやシャコガイなどを食べる恐れがあるからである。

もうひとつ懸念されているのが、1979年、核実験の放射性物質によって汚染された機材や土壌などの廃棄物を投棄するためにエニウェトク環礁ルニット島に造られたコンクリート製ドームの劣化である。劣化によって中のプルトニウムが漏出しているおそれがあるからである。また、異常気象による海面上昇でドームが水没し、中のプルトニウムなどが漏れ出して広範な海洋汚染を引き起こすのではとあやぶまれている。

マーシャル諸島での核実験が終わって60年以上が過ぎたが、人々の体と暮らし、伝統文化などへの被ばく被害は続き、島々に残された放射性物質は放置されている。人々と環境がむしばまれ続けているのである。

マーシャル諸島におけるアメリカの核実験

日付	実験の名前	場所	実験方式	爆発威力	備考
クロスローズ作戦（海軍艦船への原爆の破壊効果などを試す実験）					
1946年7月1日	エイブル	ビキニ環礁	B-29爆撃機より投下し、高度156メートルで爆発	21キロトン	米日ドイツの戦艦などが標的にされ、破壊力が試された。また、戦艦などの甲板には放射線の影響を調べるために羊や豚、ネズミなどが使われた
1946年7月25日	ベイカー	ビキニ環礁	環礁内、深さ27メートルで爆発	21キロトン	放射能が付いた海底土を含んだ水柱が立ちのぼり、崩れ落ちた時に津波（ベースサージ）となって環礁全体の島々に押し寄せ、ビキニ環礁のすべての島々を汚染する
合計発威力：**0.042メガトン**（42キロトン）					
サンドストーン作戦（原爆の爆発威力の測定や測定装置の性能、軍事的効果の評価など核兵器製造のための技術開発を目的とした実験）					
1948年4月14日	Xレイ	エニウェトク環礁	高さ60メートルの鉄塔上で爆発	37キロトン	
1948年4月30日	ヨーク	エニウェトク環礁	高さ60メートルの鉄塔上で爆発	49キロトン	実験の14時間後、約740キロ南東のクワジェレン島で雨が降り始め、ガイガーカウンターの針が振り切れた。以後2〜3時間ごとに島の各所と雨水の水たまりなどで放射線測定が行われた結果異常に高い値を記録し、ベータ線とガンマ線も測定されたことからヨーク実験の死の灰が含まれていたことが明らかとなった（1997年の米議会公聴会で、当時RADSAFE将校としてクワジェレン島に赴任していたエドワード・ラドフォード博士が証言）
1948年5月14日	ゼブラ	エニウェトク環礁	高さ60メートルの鉄塔上で爆発	18キロトン	エニウェトク、ビキニ、アイリングナエ、ロンゲラップ、ロンゲリック、タカ、ビカール、ウトリック環礁の島々が死の灰で汚染される
合計爆発威力：**0.141メガトン**（141キロトン）					
グリーンハウス作戦（防衛用核兵器開発を目的とした実験と水爆開発へ向けた最初の実験も兼ね備えていた）					
1951年4月7日	ドッグ	エニウェトク環礁	高さ90メートルの鉄塔上で爆発	81キロトン	エニウェトク、ウジェラン環礁の島々が死の灰で汚染される
1951年4月20日	イージー	エニウェトク環礁	高さ90メートルの鉄塔上で爆発	47キロトン	
1951年5月8日	ジョージ	エニウェトク環礁	高さ60メートルの鉄塔上で爆発し、熱核反応を引き起こすに十分な核分裂反応を起こす	225キロトン	エニウェトク、ビキニ、アイリングナエ、ロンゲラップ、ロンゲリック環礁の島々が死の灰で汚染される
1951年5月24日	アイテム	エニウェトク環礁	高さ60メートルの鉄塔上で爆発	45.5キロトン	
合計爆発威力：**0.3985メガトン**（398.5キロトン）					

日付	実験の名前	場所	実験方式	爆発威力	備考
アイビー作戦（グリーンハウス作戦で実証した熱核反応を拡大し、最初の熱核反応を引き起こすための実験）					
1952年11月1日	マイク	エニウェトク環礁	世界初の熱核反応爆発装置の実験。重さ約65トンの2階建ての建物ごと爆発。キノコ雲の高度は約3.9キロに達する	10.4メガトン	爆発と同時に爆心点のエルゲラップ島は消滅し、珊瑚礁に直径1.9キロ、深さ60メートルのクレーターが生みだされた。死の灰はウジェラン島などに流れる
同年11月16日	キング	エニウェトク環礁	空中投下実験	500キロトン	エニウェトク、ウジェラン環礁の島々およびポナペ諸島とその南西部の島々が死の灰で汚染される
合計爆発威力：**10.9メガトン**（10900キロトン）					
キャッスル作戦（熱核反応・水爆開発の到達をめざした実験）					
1954年3月1日	ブラボー	ビキニ環礁	ビキニ環礁北西部ナム島近くの珊瑚礁上に造った人工島に立てた高さ約50メートルの鉄塔上で爆発。珊瑚礁に直径約2キロ、深さ60メートルのクレーターが生みだされた	15メガトン。アメリカの核実験史上、最大の爆発威力	ウジェラン、ビキニ、ラエ、ウジャエ、ウォットー、アイリングナエ、ロンゲラップ、ロンゲリック、タオンギ、ビカール、ウトリック、タカ、メジット島、アイルック、ジェモ、リキエップ、ナム、アイリンラプラプ、クワジェレン、キリ島、アルノ、マジュロ、アウル、マロエラップ、エリクブ、ウォッジェ環礁などマーシャル諸島の島々およびポナペ、コスラエ、ピンゲラップ諸島などミクロネシア連邦の島々が死の灰で汚染される（1982年、国防総省発表）
1954年3月26日	ロメオ	ビキニ環礁	環礁内にうかべた艀で実験。キノコ雲の高度は最大3.3キロに達する	11メガトン	
1954年4月6日	クーン	ビキニ環礁	地上実験	110キロトン	完全な熱核反応が起きなかった水爆
1954年4月25日	ユニオン	ビキニ環礁	環礁内にうかべた艀で実験	6.9メガトン	ビキニ、アリングナエ、ロンゲラップ、ロンゲリック、タカ、ビカール、タオンギ、ウトリック環礁の島々が死の灰で汚染される
1954年5月4日	ヤンキー	ビキニ環礁	環礁内にうかべた艀で実験	13.5メガトン	ビキニ、アリングナエ、ロンゲラップ、ロンゲリック、ビカール、タオンギ環礁の島々が死の灰で汚染される
1954年5月13日	ネクター	エニウェトク環礁	環礁内にうかべた艀で実験	1.69メガトン	
合計爆発威力：**48.2メガトン**（広島投下型原爆に換算して約3220発分に相当） ビキニ環礁：**46.51メガトン**　エニウェトク環礁：**1.69メガトン**					
レッドウィング作戦（本国のネバダ実験場では不可能な水爆兵器の開発のための実験）					
1956年5月4日	ラクロス	エニウェトク環礁	地上実験	40キロトン	エニウェトク、ビキニ、アイリングナエ、ロンゲラップ、ロンゲリック、ビカール、タオンギ環礁の島々が死の灰で汚染される
1956年5月20日	チェロキー	ビキニ環礁	B-52爆撃機から空中投下実験。キノコ雲の高度は最高約2.8キロに達する。アメリカ最初の実戦使用可能な水爆の実験	3.8メガトン	
1956年5月27日	ズニ	ビキニ環礁	地上実験	3.5メガトン	ビキニ、アイリングナエ、ロンゲラップ、ロンゲリック環礁の島々が死の灰で汚染される
1956年5月27日	ユマ	エニウェトク環礁	高さ約62メートルの鉄塔上で実験	0.19キロトン（190トン）	
1956年5月30日	エリー	エニウェトク環礁	高さ90メートルの鉄塔上で爆発	14.9キロトン	

日付	実験の名前	場所	実験方式	爆発威力	備考
1956年6月6日	セミノール	エニウェトク環礁	地上実験	13.7キロトン	
1956年6月11日	フラットヘッド	ビキニ環礁	環礁内にうかべた艀で実験	365キロトン	
1956年6月11日	ブラックフット	エニウェトク環礁	高さ60メートルの鉄塔上で実験	8キロトン	
1956年6月13日	キッカプー	エニウェトク環礁	高さ90メートルの鉄塔上で爆発	1.49キロトン	
1956年6月16日	オーセージ	エニウェトク環礁	空中投下実験。高度180〜210メートルで実験	1.7キロトン	
1956年6月21日	インカ	エニウェトク環礁	高さ60メートルの鉄塔上で実験	15.2キロトン	
1956年6月25日	ダコタ	ビキニ環礁	環礁内にうかべた艀で実験	1.1メガトン	
1956年7月2日	モホーク	エニウェトク環礁	高さ90メートルの鉄塔上で爆発	360キロトン	
1956年7月8日	アパッチ	エニウェトク環礁	環礁内にうかべた艀で実験	1.85メガトン	
1956年7月10日	ナバホ	ビキニ環礁	環礁内にうかべた艀で実験	4.5メガトン	
1956年7月20日	テワ	ビキニ環礁	環礁内にうかべた艀で実験	5メガトン	
1956年7月21日	ヒューロン	エニウェトク環礁	環礁内にうかべた艀で実験	250キロトン	

合計爆発威力:**20.84889メガトン**
ビキニ環礁:**18.265メガトン** エニウェトク環礁:**2.58389メガトン**

ニュースリール作戦 （国防総省が太平洋上で行った高高度での核実験）

日付	実験の名前	場所	実験方式	爆発威力	備考
1958年4月28日	ユッカ	エニウェトク環礁の北部海域	気球	1.7キロトン	爆発地点は北緯12度37分、東経169度1分、エニウェトク環礁の北東約136キロ、高度約2.6キロの上空で気球に吊って実験

ハードタックI作戦 （主として空中発射型ミサイル及び弾道ミサイルの弾頭への搭載を試す実験）

日付	実験の名前	場所	実験方式	爆発威力	備考
1958年5月5日	カクタス	エニウェトク環礁	地上	18キロトン	
1958年5月11日	ファー	ビキニ環礁	環礁内にうかべた艀で実験	1.36メガトン	
1958年5月11日	バターナット	エニウェトク環礁	環礁内にうかべた艀で実験	81キロトン	
1958年5月12日	コア	エニウェトク環礁	地上。直径1.2キロ、深さ約51メートルのクレーターが生みだされた	1.37メガトン	
1958年5月16日	ワフー	エニウェトク環礁	環礁内の深さ150メートルで水中実験	9キロトン	
1958年5月20日	ホーリー	エニウェトク環礁	環礁内にうかべた艀で実験	5.9キロトン	
1958年5月21日	ナツメグ	ビキニ環礁	環礁内にうかべた艀で実験	25.1キロトン	
1958年5月26日	イエローウッド	エニウェトク環礁	環礁内にうかべた艀で実験	330キロトン	
1958年5月26日	マグノリア	エニウェトク環礁	環礁内にうかべた艀で実験	57キロトン	エニウェトク、ウジェラン環礁の島々およびポナペ諸島とその南西部の島々が死の灰で汚染される
1958年5月30日	トバコ	エニウェトク環礁	環礁内にうかべた艀で実験	11.6キロトン	
1958年5月31日	シカモアー	ビキニ環礁	環礁内にうかべた艀で実験	92キロトン	
1958年6月2日	ローズ	エニウェトク環礁	環礁内にうかべた艀で実験	15キロトン	
1958年6月8日	アンブレラ	エニウェトク環礁	環礁内の深さ45メートルで水中実験	8キロトン	
1958年6月10日	メイプル	ビキニ環礁	環礁内にうかべた艀で実験	213キロトン	ビキニ、アイリングナエ、ロンゲラップ、ロンゲリック、ウォットー、ウジャエ、ラエ、クワジェレン環礁の島々が死の灰で汚染される

日付	実験の名前	場所	実験方式	爆発威力	備考
1958年6月14日	アスパン	ビキニ環礁	環礁内にうかべた艀で実験	319キロトン	
1958年6月14日	ウォルナット	エニウェトク環礁	環礁内にうかべた艀で実験	1.45メガトン	
1958年6月18日	リンデン	エニウェトク環礁	環礁内にうかべた艀で実験	11キロトン	
1958年6月27日	レッドウッド	ビキニ環礁	環礁内にうかべた艀で実験	412キロトン	
1958年6月27日	エルダー	エニウェトク環礁	環礁内にうかべた艀で実験	880キロトン	
1958年6月28日	オーク	エニウェトク環礁	環礁内にうかべた艀で実験。珊瑚礁の海底に直径約1.3キロ、深さ約55メートルのクレーターを生みだす	8.9メガトン	
1958年6月29日	ヒッコリー	ビキニ環礁	環礁内にうかべた艀で実験	14キロトン	
1958年7月1日	セコイア	エニウェトク環礁	環礁内にうかべた艀で実験	5.2キロトン	
1958年7月2日	シーダー	ビキニ環礁	環礁内にうかべた艀で実験	220キロトン	
1958年7月5日	ドッグウッド	エニウェトク環礁	環礁内にうかべた艀で実験	397キロトン	
1958年7月12日	ポプラ	ビキニ環礁	環礁内にうかべた艀で実験	9.3メガトン	
1958年7月14日	スカエボラ	エニウェトク環礁	環礁内にうかべた艀で実験。核兵器が何かの事故で爆発した場合を想定した実験で、核兵器開発のための実験ではない	0	
1958年7月17日	ピソニア	エニウェトク環礁	環礁内にうかべた艀で実験	255キロトン	
1958年7月22日	ジュニパー	ビキニ環礁	環礁内にうかべた艀で実験	65キロトン	
1958年7月22日	オリーブ	エニウェトク環礁	環礁内にうかべた艀で実験	202キロトン	
1958年7月26日	パイン	エニウェトク環礁	環礁内にうかべた艀で実験	2メガトン	
1958年8月6日	クインス	エニウェトク環礁	地上実験	0	
1958年8月18日	フィッグ	エニウェトク環礁	地上実験	0.02キロトン（20トン）	

合計爆発威力：**27.98982メガトン**
ビキニ環礁：**12.0201メガトン**　　エニウェトク環礁：**15.96972メガトン**

▓▓は水爆実験

（作成：豊﨑博光）

注1：1946年7月～1958年8月にアメリカがマーシャル諸島で行った66回の核実験（ビキニ環礁23回、エニウェトク環礁43回）の総合計爆発威力は108.52021メガトン。広島投下型原爆に換算すると約7200発分に相当する（1958年4月28日にエニウェトク環礁の北部海上の高高度で行われたユッカ実験＝1.7キロトンは除く）。

注2：ビキニ環礁で行われた23回の核実験（うち水爆実験は11回）の総計爆発威力は76.8371メガトン

注3：エニウェトク環礁で行われた43回の核実験（うち水爆実験は6回）の総計爆発威力は31.68311メガトン

注4：1998年の「アメリカ疾病管理対策センター」（CDC）の資料は、66回の核実験で放出された放射性ヨウ素131の量は約63億キュリーと見積もっている。この量はネバダ実験場で行われた大気圏内核実験で放出された量（1億5000万キュリー）の42倍、チェルノブイリ原発事故で放出された量（4000万キュリー）の157倍とされる。しかし、2005年5月に開催された米議会公聴会でマーシャル諸島政府代表は、放出されたヨウ素131は約79億キュリーから最大85億キュリーと主張した。

注5：カナダの統計物理学者ロザリー・バーテルは、マーシャル諸島の核実験で放出されたストロンチウム90はチェルノブイリ原発事故で放出された約21万9000キュリーの約31倍と見積もっている。

Resources:

Nuclear Claims Tribunal Report to the Nitijela of the Republic of the Marshall Islands, Fiscal Year 1992.

"Atolls upon Significant Nuclear Fallout could Have Occurred From The Pacific Proving Grounds Atmospheric Testing, DRAFT, Revised June 22, 1973."

"United Sates Nuclear Tests - July 1945 throuugh September 1992." DOD/DNA. December 1994.

"Radioactive Debris From Operation Castle, Islands of the Mid-Pacific," by Alfred J. Breslin and Melvin E. Cassidy, January 18, 1955, U.S. AEC

3 マーシャル諸島概観
―海に囲まれた暮らしと被ばく被害の間で―

　日本の南東約4500キロメートルに位置するマーシャル諸島（現在、マーシャル諸島共和国）は、ミクロネシアの東端にある。29の環礁と5つの島からなり、ラリック（日の入り列島）とラダック（日の出列島）に分けられている。環礁とは、環状に広がるサンゴ礁上に島々が点在する形態をいう。それゆえ、マーシャル諸島は「太平洋の真珠の首飾り」と呼ばれる。

　島々の海抜は平均2～4メートルで、どの島も小さい。人びとはそのなかでも大きな島に住み、ヤシやパンノキの実、ヤシガニなどとラグーンと呼ばれる内海で取れる魚介を食料としている。水は天水（雨水）と井戸水を使う。この地域には、環礁内とマーシャル諸島全域の島々の位置と潮流を表す「木の枝海図」がある。人々はこの「木の枝海図」を持ち、カヌーやボートで環礁内の島々に出かけて食料を得ている。収入はヤシの実の果肉を干したコプラを売り、その代金で布や裁縫道具、釣り糸や漁網などとコーヒーなどの生活用品を買っている。

　マーシャル諸島共和国の首都のマジュロ環礁マジュロ島とクワジェレン環礁イバイ島以外の島々に住む人々は、今も自足自給の暮らしを営んでいる。

　マーシャル諸島を含むミクロネシアには4つの風が吹いたと言われる。これは、時代によってスペイン、ドイツ、日本、そして太平洋戦争後からアメリカの4つの国の統治下に置かれたことを指す。マーシャル諸島は1946年から1958年まで、アメリカを施政権国とする国連信託統治領であった。この間、アメリカはビキニ環礁とエニウェトク環礁で67回の核実験を行った。実験場となったビキニ環礁とエニウェトク環礁、水爆実験のフォールアウトで汚染されたロンゲラップ環礁は現在、無人島となっている。とりわけ、1954年3月から5月に行われた「キャッスル作戦」と名づけられた6回の核実験（うち5回が水爆実験）では、推定で1万4000人の人々が被ばくした。

　マーシャル諸島は1979年に憲法を制定し、1986年にアメリカと結んだ自由連合協定の下でマーシャル諸島共和国として独立した。

　核実験の後遺的影響が続くなか、20世紀末からは異常気象が原因とされる高潮による浸水が度々起き、島々が水没の危機にさらされている。特に、核実験の放射性物質で汚染された島が水没すると、放射性物質が海に流れ出し、広範な海洋汚染が起きるのではと恐れられている。

ラリックに位置するウジャエ環礁は、15の小島で構成される（1978年5月撮影）

ラリックに属するロンゲラップ環礁のラグーン（1985年5月撮影）

エニウェトク環礁

ウジェラン環礁

マーシャル諸島共和国

ビカール環礁

ビキニ環礁　ロングラップ環礁
　　　　　　　　ロンゲリック環礁　　ウトリック環礁
アイリングナエ環礁　　　　　　タカ環礁

　　　　　　　　　　　　　　アイルック環礁
ウォットゥ環礁　　　　　　　　ジェモ島　　　　　メジット島

　　　　　　　　　　　　　　リキエップ環礁
　　　　　　メジャト島　クワジェレン環礁　　　ウォッジェ環礁
ウジャエ環礁　ラエ環礁　イーバイ島　　エリクブ環礁
　　　　　　　　　　　　　　　　　　　　　マロエラップ環礁
　　　　　　　リブ島　　ナム環礁　　　アウル環礁
　　　　　　　　　　　　　ジャブット島
　　　　　　　アイリンラップラブ環礁　　　　　アルノ環礁
　　　　　　　　　　　　　　　マジュロ環礁（首都）

　　　　　　　　　　　　　　　　　　　　ミリ環礁
　　　　　　ナモリック環礁　ヤルート環礁　ノックス環礁
　　　　　　　　　　キリ島

　　　　　　　　エボン環礁

3　マーシャル諸島概観　41

マーシャル諸島共和国の首都であるマジュロ島の子どもたち
（1978年4月撮影）

ロンゲラップ島の住民が持つマーシャル諸島全体の「木の枝海図（スティック・チャート）」。人々はこれを持ってカヌーやボートで島々を行き来する
（1978年5月撮影）

コプラ作り（ロンゲラップ島）。コプラは大事な収入源となる（1985年5月撮影）

水は天水と井戸水を使っているウジャエ島での暮らしは自給自足に近い（1978年5月撮影）

3　マーシャル諸島概観

ロンゲラップ島のヤシの木の林とラグーン（1985年5月撮影）

クワジェリン環礁メジャト島の海岸
（1986年4月撮影）

3 マーシャル諸島概観

マーシャル諸島独立派のデモ（マジュロ島、1978年6月撮影）

ミクロネシア連邦憲法受諾派のデモ（マジュロ島、1978年6月撮影）

1978年7月12日、
マジュロ島の住民投票（1978年7月撮影）

マジュロ環礁の空中写真。マジュロ環礁はラタックに属し、64の小島からなる（1978年5月撮影）

4 「水爆ブラボー実験」
―広島投下型原爆の1000倍の威力―

「水爆ブラボー実験」は、1954年3月1日、ビキニ環礁のナム島近くのサンゴ礁で行われた。これは、爆撃機に搭載し、投下可能な水爆の開発を目的とする「キャッスル作戦」の1回目の実験だった。爆発威力は15メガトン、広島投下型原爆の約1000倍だった。

実験地点には直径約2キロメートル、深さ約60メートルのクレーターができた。爆発で粉砕されたサンゴはフォールアウトとなって東に流れ、ビキニ環礁の東約180キロメートルのロンゲラップ島住民82人（うち4人が妊娠）、同230キロメートルのロンゲリック環礁で気象観測を行っていた28人のアメリカ人、同約470キロメートルのウトリック島の住民157人（うち9人が妊娠）に降り落ちた。アメリカは、爆発の約58時間後にロンゲラップ島住民全員を、約76時間後にウトリック島住民を避難させ、クワジェレン島の基地に収容した。しかし、ロンゲラップ島住民の約90パーセントはフォールアウトによる火傷を負っていた。

3月11日、アメリカは、「原爆実験中、28人のアメリカ人職員と236人（実際は、胎児を含めて252人）の地元の住民が予期せぬ若干の放射性物質を浴びた。火傷はない」などと発表した。

4月20日、マーシャル諸島の裁判官や教育長などと100人の住民が署名をした申立書を国連に送った。申立書には、「実験によって2つの環礁の住民が火傷や脱毛などの致死的被害を受けている」、「この破壊的兵器実験の即時停止を要請する」と記されていた。国連がこの申立書を公表したのは5月14日で、3月1日に始まった「キャッスル作戦」の最後の水爆実験が行われた日だった。

クワジェレン島に避難させられロンゲラップ島住民などはその間、後に人体実験ではと言われる「プロジェクト4.1研究」の対象とされ、薬も与えられず、治療もされず、火傷など被ばくによる症状を観察された。以後、今日まで、ロンゲラップ島とウトリック島の被ばく者は、アメリカのブルックヘブン国立研究所の医師による定期検診を受け続けている。

「水爆ブラボー実験」のフォールアウトは、アイルック環礁などマーシャル諸島北東部に位置する島々の住民にも降り落ちた。しかし、アメリカはそれらの島々の人々は避難させず、健康への影響調査も行わなかった。

「水爆ブラボー」の火球（アメリカ国立公文書館提供）

ビキニ環礁北西端の「水爆ブラボー実験」と「水爆ロメオ実験」によるクレーター（1994年3月撮影）

4 「水爆ブラボー実験」

「水爆ブラボー実験」のフォールアウト拡散図
（公式発表図／数字は放射線量／主な環礁名は、英語から日本語に訳して表記）

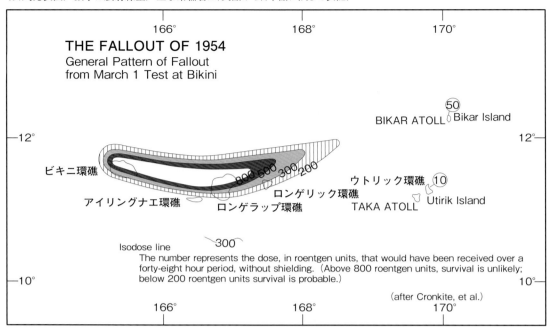

「水爆ブラボー実験」によるフォールアウトの拡散状況
（「水爆ブラボー実験」のフォールアウトの放射線量を空中で測定した結果を基に、爆発から60時間後のフォールアウトの拡散状況を描いた図／制作年月日は不明だが、マーシャル諸島のアメリカ空軍航空技術本部からワシントンのAECに送られたメモより）

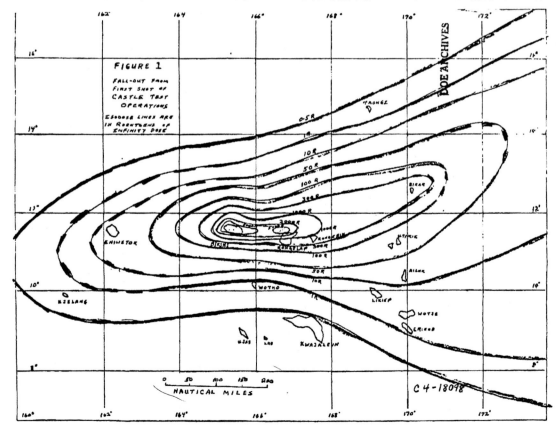

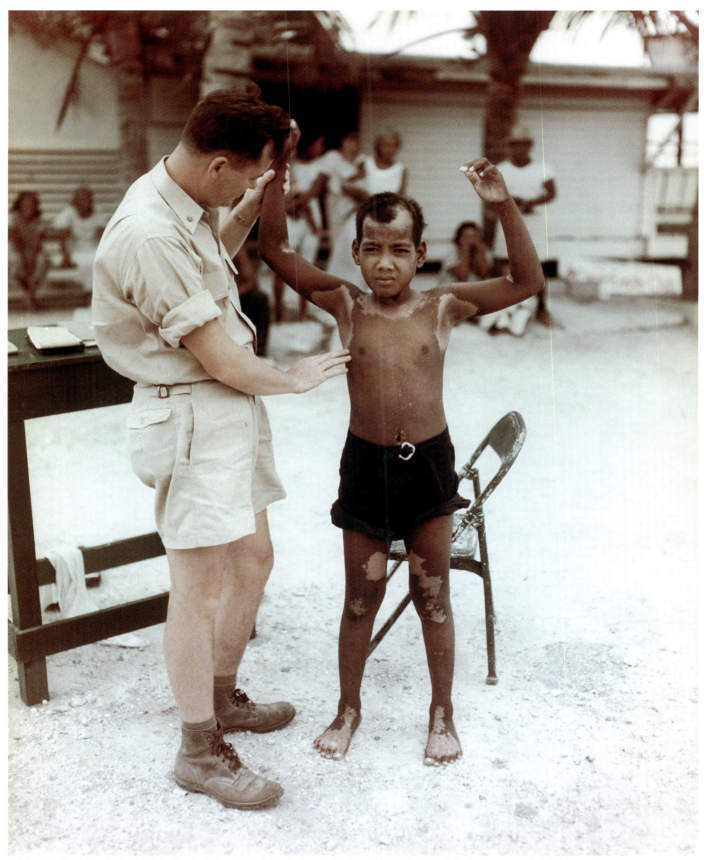

「水爆ブラボー実験」により被ばくしたロンゲラップ島の住民イロシ・ケペンリ。彼は16歳で死亡した（アメリカ国立公文書館提供）

4　「水爆ブラボー実験」

「水爆ブラボー実験」 関連年表

1953年

4月2日	アメリカ原子力委員会（AEC）が、核実験の名称と内容を明らかにしないまま太平洋実験場をエニウェトク環礁からビキニ環礁まで拡大すると発表する。AEC保健安全局（HASL）が、世界の122か所に、粘着フィルムなどによる放射能測定器を設置する（日本では、青森県三沢と東京の横田基地、広島と長崎の原爆傷害調査委員会の敷地内の4か所に設置）。
5月23日	AECが、エニウェトク環礁とビキニ環礁を囲む南北約280キロメートル、東西約620キロメートルの長方形の立入禁止区域を世界各国に通告する（日本は10月10日付の官報で告示）。
夏	AECが、実験名を伏せたまま1954年3月1日から4月22日まで7回の実験を行うことを決める。

1954年

1月8日	AECが「今春、太平洋実験場であらゆる種類の兵器実験を行う」と発表し、アメリカ人は初めて「キャッスル作戦」が行われることを知る。
2月7日	マジュロ島からマーシャル諸島北西部の島を回る巡航船タリー号がロンゲラップ島に寄港する。マーシャル諸島行政府の役人が、「ビキニ環礁で核実験が行われる、過去にビキニで行われた実験よりも100倍も強力」と伝える。ロンゲラップ島の村長や教師などが実験日や実験による影響、事前の対策などを尋ねるが、役人は答えなかった。
2月14日	ロンゲラップ島の住民18人（1人が妊娠）が2隻のカヌーに分乗し、約24キロメートル西にあるアイリングナエ環礁シフォ島にヤシガニなどの食料とコプラをつくりに出かける。
2月20日	巡航船タリー号が再びロンゲラップ島に寄港する。信託統治政府の役人と名乗る男が、村長のジョン・アンジャインに対して、自分の人差し指の先をつまんで、「お前たちの命はこれだけだ」といった。ジョンは、「私たちをなぜ他の島に移さないのか」と聞くと、アメリカ政府は移動を決めていないと答えた。
3月1日 午前0時	「水爆ブラボー実験」を行う部隊に実験地点上空の風が東に向かっているとの気象情報が伝えられる（2月24日から、実験地点上空の風向きは東に向かっているとの気象情報が伝えられていた）。同4時30分、風向きに変化はないと伝えられる。
3月1日 午前3時35分	ビキニ環礁の東方約160キロメートル、立入禁止区域の東側約35キロメートルで操業中の静岡県焼津市のマグロ漁船「第五福竜丸」（乗組員23人）がマグロのはえ縄を入れる。投縄が終了したのは同6時42分、乗組員はしばしの休憩をとる。
3月1日 午前6時45分	マーシャル諸島では夜が明けようとしていた。「水爆ブラボー」がビキニ環礁のナム島近くのサンゴ礁の上で爆発。実験の数時間後、アメリカで、AEC議長が「マーシャル諸島の所定の実験場で原子装置の爆発が行われた。爆発は、一連の原子力実験の最初のものである」と発表。
3月1日 午前10時ころ	マグロのはえ縄を上げ始めた「第五福竜丸」に「白い粉（『水爆ブラボー実験』のフォールアウト）」が降り落ち始める。午前11時ころ（「水爆ブラボー実験」の約5時間後）、「第五福竜丸」は操業を終え、母港の焼津港に向かう。
3月1日昼前	64人（3人が妊娠）が暮らすロンゲラップ島に白いパウダー状のものが降り始める。パウダー状のものは日没前まで降り続き、約4センチメートル積もる。同じころ、18人が出かけたアイリングナエ環礁シフォ島にもパウダー状のものが降り始める。
3月1日 午後5時ころ	「水爆ブラボー」の爆発信号を送るためビキニ環礁南東端のエニュー島の「ステーション70」の9人が、近くの航空母艦から飛来したヘリコプターで避難させられる（「水爆ブラボー実験」から約10時間後）。ビキニ環礁の東約470キロメートル、157人（9人が妊娠）が住むウトリック島が、「水爆ブラボー実験」のフォールアウトの霧に覆われる。
3月2日 午後4時～5時	アメリカ軍の水上飛行機がロンゲラップ島に飛来する。オレンジ色のオーバーオールの服を着た2人の乗員が上陸し、天水（雨水）溜めの中と周辺を放射線測定器で測り、何も言わずに帰る。

3月2日 午後6時	ビキニ環礁の東約230キロメートルのロンゲリック環礁の島で2月初めから気象観測を行っていた28人の兵士が飛行機でクワジェレン島の基地に避難させられる（「水爆ブラボー実験」から約23時間後）。島では、3月1日の午後2時ごろからフォールアウトが降り始めた。放射線測定器が基準値を超えたとき、28人の兵士たちは着替え、用意していたシェルターに入ってシャワーを浴びる。
3月3日 午前7時	ロンゲラップ島にアメリカの駆逐艦と水上飛行機が来る。全員の避難が告げられ、最初に、老人と妊産婦、赤ん坊と母親、下痢などの症状がひどい16人が水上飛行機で避難させられる（「水爆ブラボー実験」から約50時間後）。残りの48人は駆逐艦で避難させられる（「水爆ブラボー実験」から51時間後）。午後1時、駆逐艦はアイリングナエ環礁シフォ島に向かう。
3月3日 午後5時	ブラボー実験の2週間前からアイリングナエ環礁シフォ島に食料をとりに来ていたロンゲラップ島住民18人が、避難させられる（「水爆ブラボー実験」から58時間後）。
3月4日 午前6時30分ころ	ウトリック島にアメリカの駆逐艦が寄港する。午後1時30分ころ、住民157人全員が避難させられる（実験から約76時間後）。
3月4日 午前8時30分	ロンゲラップ島とアイリングナエ環礁シフォ島から避難させられたロンゲラップ島の住民82人がクワジェレン島に着き、用意されていた施設に収容される。
3月5日	ウトリック島住民157人がクワジェレン島に到着し、ロンゲラップ島住民が収容されている施設とは別の施設に収容される。ロンゲラップ島とウトリック島の人々は身体の表面の放射線量を測られた後、病院で検査を受ける。以後、両島の住民は、毎日、海で水浴びをさせられる。
3月6日	アメリカ軍が、ロンゲラップ島やアイリングナエ環礁シフォ島、28人のアメリカ人気象観測員が滞在していたロンゲリック環礁の島とウトリック島、ビキニ環礁から南東に450キロメートル以上離れたアイルック島とリキエップ島で環境の放射能測定のために土壌、動植物、井戸と天水溜めの水を採取する。
3月6〜20日	アメリカ軍が、ロンゲラップ島の住宅やその他の建物、アイリングナエ環礁シフォ島で18人が暮らしていた小屋などの放射線測定を行う。
3月8日	AEC生物医学局長ユージン・クロンカイトを団長とする医師、科学者、軍関係者など25人がクワジェレン島に到着する。一行は、翌日から被ばくしたロンゲラップ島とウトリック島の住民と、気象観測員を対象に「プロジェクト4.1研究」［正式名：「高爆発威力の放射性降下物（フォールアウト）によるベータ線およびガンマ線で著しく被ばくした人間の反応研究」］を始める。フォールアウトで火傷を負ったロンゲラップ島の人々は、治療もされず、薬も与えられず、症状を観察される。
3月14日	被ばくしたマグロ漁船「第五福竜丸」が母港の焼津港に帰港する。翌15日、被ばくした2人の乗組員が東大病院に行き、入院する。積んでいたマグロなどの魚を、地元静岡や東京など14都道府県に出荷する。
3月16日	『読売新聞』や地方紙が、「邦人漁夫、原爆実験に遭遇」などの見出しで「第五福竜丸」乗組員の被ばくを伝える。大阪中央市場に出荷されていたマグロから放射能汚染が見つけられる。
3月16〜17日	クワジェレン島に収容されているロンゲラップ島とウトリック島住民の血液と尿の採取が行われる。ロンゲラップ島の人々82人は番号を付けられた表示板を持って、顔写真を撮られる。
3月18日	厚生省（当時）が、ビキニの海域で操業あるいは通過した漁船は、宮城県塩釜、東京の築地、神奈川県三崎、静岡県の焼津と清水の5港で放射線検査を受けるよう通達を出す。
3月19日	アメリカが、立入禁止区域の拡大を発表。エニウェトク環礁とビキニ環礁を含む長方形の立入禁止区域に、両環礁の中間点から北に向かって半径約832キロメートルの扇状の区域を追加する。
3月27日	アメリカで、AEC議長が、「マーシャル諸島での原爆実験中、28人のアメリカ人職員と236人の地元の住民が……予期せぬ、若干の放射線を浴びた。火傷はない。全員元気と伝えられている」と発表する。
3月28日	焼津市の病院に入院していた「第五福竜丸」の乗組員21人がアメリカ軍によって羽田空港に移送され、5人は東大病院に、16人は国立第一病院に入院する。インドのネール首相（当時）が「原水爆実験が大きな破壊をもたらす」と警告する。

3月31日	AEC委員長が記者会見で、「水爆は、いかなる都市も消滅できる」と答える。
4月19日	ローマ法王ピウス12世（当時）が、原水爆実験の放射性物質の危険性に関するメッセージを発表する。
4月20日	マーシャル諸島の裁判官、教育長、医師や商人など11人と住民100人の署名を付けた「マーシャル諸島住民より太平洋諸島に関する申立書－われわれの故郷の島々における致死的兵器の爆発に関する申し立て」が国連信託統治理事会に送られる（国連は5月14日に請願書を公表）。
5月9日	東京の杉並区の住民が「水爆禁止署名運動杉並協議会」を結成して水爆禁止署名運動をはじめる。反対署名の運動は、4月末から各地域の婦人団体、労働組合、平和団体、学生、農業や漁業、芸能や学術団体などが始めていた。
5月14日	「水爆ブラボー実験」から始まった「キャッスル作戦」と呼ばれた核実験が終了。7回の予定だった核実験は大幅に変更された。3月29日に予定していた水爆実験はキャンセルされ、実験は6回で終わった。
5月15日	水産庁（当時）の調査船「俊鶻丸」がビキニ海域の放射能調査に出発する（帰港は7月4日）。翌16日、東京と京都、広島に降った雨から高レベルの放射性物質が見つかる。
5月30日	ウトリック島の人々が故郷の島に帰る。帰郷の理由は、「ウトリック島の人々が『水爆ブラボー実験』のフォールアウトで浴びた放射線量は140ミリシーベルトで、後遺的影響はないから」と説明された。
6月9日	ロンゲラップ島の人々が、マーシャル諸島の中心マジュロ環礁のエジット島に移動させられる。人々は、1957年6月の帰郷までの3年間をエジット島で過ごす。

（作成：豊﨑博光）

5 ビキニ島住民の移住と再移住
―故郷を棄てさせられた人々―

　1946年2月10日、ビキニ島にアメリカ軍知事が訪れ、人々に「人類の役に立ち、世界の戦争を終わらせるため原爆実験を行う」と告げた。長老のジュダは「世界のためになるなら、われわれは喜んで島を出よう。神のご加護を」と答えた。3月7日、167人の住民は故郷の東約230キロメートルにあるロンゲリック環礁の無人島に移住した。

　移住から約1か月後、援助食糧も島のヤシの実も食べつくし、人々は飢えにさいなまれ始めた。魚には毒があり、腹痛や下痢などを起こした。その結果、1948年3月、アメリカ軍基地があるクワジェレン島に移住させられた。

　クワジェレン島に移住してから約1か月後、雨から高レベルの放射線が見つかった。これは、北西約660キロメートルのエニウェトク環礁で行われた原爆実験のフォールアウトによるものだった。何も知らされないビキニ島の人々は雨水を浴び、生活用水にも使った。1948年12月、人々は故郷ビキニ島の南約770キロメートルにある無人島のキリ島に移住した。キリ島もヤシの実は少なく、荒波が打ち寄せるため魚も取れず、人々はここでも飢えにさいなまれた。

　ビキニ環礁での核実験が終わった10年後の1968年8月、ジョンソン米大統領は「ビキニ島の放射線のレベルが下がった」として安全を宣言し、翌年に残っている放射性物質の除染作業を行った。除染作業の開始と共に一部のビキニ島住民が帰郷を始め、1974年末までに120人ほどが帰郷した。1976年、帰郷した住民の体内から異常な量のプルトニウムが見つかり、ヤシの実の食用を制限した。

　1978年4月、アメリカはビキニ島の再閉鎖と帰郷している住民の退去を決めた。同年8月31日、帰郷していた住民139人は、移住先のキリ島に戻された。「故郷を棄てさせられる気持ちがわかるか」と怒った長老のアンロー・ジャケオと彼の弟の家族は、マジュロ環礁エジット島に移住した。以来今日まで、ビキニ島を含むビキニ環礁全体の島々は居住が禁じられている。

軍知事がビキニ島住民に対し島からの退去を通告する（1946年3月7日に行われた退去通告の様子を撮影のために再現したもの、アメリカ国立公文書館提供）

ビキニ環礁

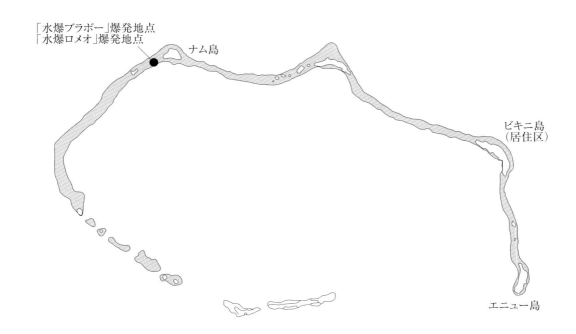

ビキニ島住民の移動

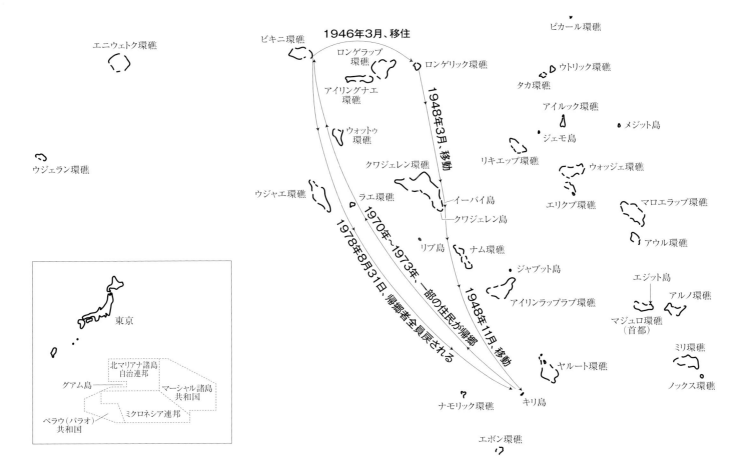

5 ビキニ島住民の移住と再移住

アメリカのローレンス・リバモア研究所によってビキニ島に設置された残留放射線測定器（１９７８年６月撮影）

エニュー島の地中の放射性物質の吸収を調べるためにローレンス・リバモア研究所によって試験栽培されたヤシの木（1994年3月撮影）

「水爆ブラボー」の爆発信号を送ったビキニ環礁エニュー島の「ステーション70バンカー」。半地下壕になっており、実験時には9人が中にいた。うち1人が爆発後の15分間、壕の外で放射線の測定を行った（1994年3月撮影）

ビキニ島の核実験観測壕 (1978年6月撮影)

ビキニ島住民はいったんは帰郷したが、島は閉鎖された。1978年4月、マジュロ島で開かれたビキニ閉鎖を告げる会合 (1978年4月撮影)

ビキニ環礁の地域旗の袖章をつけた警察官。袖章の左上にある星は、ビキニ環礁で行われた23の核実験の数を表している。右上の3つの星は「キャッスル作戦」によって消滅した3つの島を、右下の2つの星は住民たちが移住した2つの島を表している（キリ島、1994年3月撮影）

再移住のため、身の回りの物を船に積み込む（1978年8月撮影）

不安な表情を浮かべながらの再移住 (1978年8月撮影)

移住用の船に乗り込むとき、いやがる小さい子どもを、必死であやす少女 (1978年8月撮影)

移住用の船に乗り込むために艀で沖合に移動しているとき雨に見舞われ、海は荒れた（1978年8月撮影）

艀には身の回りのものが
所狭しと積まれている
（1978年8月撮影）

ビキニ島の住民が移住・再移住させられたキリ島の浜辺。子どもたちの遊び場であるが、荒波が押し寄せる（1994年3月撮影）

ビキニ島から住民が退去した後、犬が居残っていた（1978年8月撮影）

帰郷したビキニ島から移住先のキリ島に戻された人々（1978年9月撮影）

ビキニを去らなければならなくなったアンロー・ジャケオとジュクワ・ジャケオ一族
（1978年8月撮影）

「故郷を棄てさせられた」という無念の思いを抱きながらキリ島への移住を嫌いマジュロ環礁エジット島に移ったアンロー・ジャケオ。毎日のようにビキニの方向を見つめていた（1982年6月撮影）

6 もう一つの核実験場エニウェトク環礁と住民
―被ばく被害を受けた人々が、汚染物質の捨て場と向き合いながら暮らす―

居住が制限された故郷の島で

　マーシャル諸島の北西端にあるエニウェトク環礁は、日本の統治時代は「ブラウン環礁」と呼ばれた。1944年2月に始まった日米の戦闘では両国の多数の兵士と日本人や朝鮮人が亡くなったが、エニウェトク環礁の人々は環礁東部のアオモン島に避難していて無事だった。

　1946年6月、アメリカが約350キロメートル東にあるビキニ環礁で核実験を始める前、エニウェトク環礁の人々は約700キロメートル南東のクワジェレン環礁メック島に一時的に避難させられた。

　翌1947年12月、アメリカがエニウェトク環礁を太平洋核実験場に指定した。136人の住民は、約200キロメートル南西のウジェラン環礁ウジェラン島に移住させられた。ウジェラン島は大型台風で海底の岩やサンゴが打ち寄せられた荒れた島で、ヤシやパンノキの実などが少なかった。また、中心のマジュロ島から最も遠いところにあるために、援助食料を運ぶ巡航船が来ることも少なく、人々は飢えにさいなまれた。

　1948年から1958年までエニウェトク環礁では44回の核実験が行われた。核実験の終了から約20年後の1976年9月、エニウェトク環礁の島々はウジェラン島に住む旧島民に返還された。

　人々がエニウェトク環礁の島々に帰郷を始めたのは1977年3月である。1980年4月、ウジェラン島に移住していたすべての住民が帰郷した。しかし、帰郷した人々が住むことができたのはエニウェトク環礁南東部のエニウェトク、メデレン、ジャプタン島の3島に制限された。それより北に点在する島々は、アメリカが核実験による放射性物質で汚染された土壌などを除染したにもかかわらず、被ばくの危険が残っているために立入禁止とされた。

　帰郷した人々は、1992年、1995年、1997年にブルックヘブン国立研究所によってホール・ボディ・カウンターによる体内の放射線量の測定と、尿の中のプルトニウム量を調べられた。

　人々が暮らす島の北約15キロメートルのルニット島に、除染作業で取り除かれた放射性物質による汚染土が棄てられたコンクリート製のドームがある。人々はいま、このドームが海面上昇で水没し、放射性物質が漏れ出すのではと恐れている。

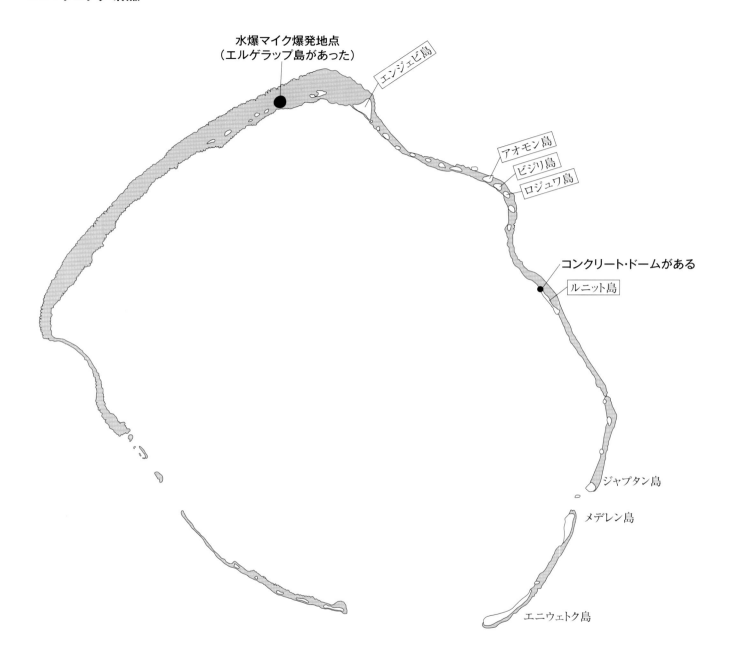

エニウェトク環礁では太平洋戦争中、日本の戦闘があった。写真はエニウェトク島の日本軍船舶の艦首（1978年6月撮影）

故郷のエニウェトク環礁と比べると、ウジェラン島はヤシが少なく、ヤシの実を主食とする人々にとって食材は十分ではない（1978年6月撮影）

浜辺にうち捨てられるように放置された大型のカヌー。このカヌーは、人々がウジェラン島に移住させられたときに乗って来たもの（1978年6月撮影）

しばらくぶりに食料や身の回りの品々を運んできた巡航船を見つめる住民たち（1978年6月撮影）

コミュニティとして、マジュロ島で購入した中古の小型トラックを慎重に陸揚げする（1978年6月撮影）

コプラの買付け人の立ち合いで行われるコプラの計量。コプラが少ないため、計量はすぐに終わった（1978年6月撮影）

援助食料の荷揚げを手伝う子どもたち（1978年6月撮影）

移住先のウジェラン島で洗濯をする子どもたち(1978年6月撮影)

エニウェトク環礁の2人のイロージ(伝統的な指導者)
(ジャプタン島、1978年6月撮影)

移住先のウジェラン島からエニウェトク環礁ジャプタン島へ帰郷した人々。建物はアメリカ軍兵士が核実験中に利用した兵舎（1978年6月撮影）

帰郷したジャプタン島で洗濯物を干す女性（1978年6月撮影）

援助食料の水で炊いたご飯と巡航船の売店で買ったインスタントラーメンを食べる（ジャプタン島、1978年6月撮影）

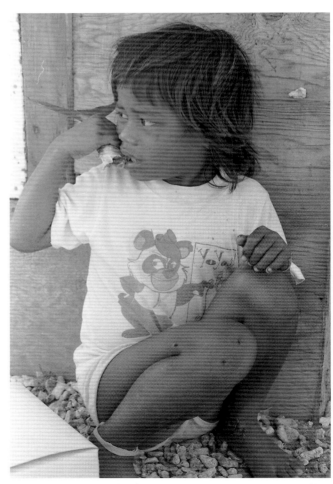

カツオをかじる住民。ジャプタン島では、カツオが大量に取れると住民に配給された（ジャプタン島、1978年6月撮影）

「水爆マイク実験」を目撃
…故郷喪失の悲しみの後にやってきた被ばく被害

　1952年11月1日、「水爆マイク実験」がエニウェトク環礁のエルゲラップ島で行われた。これは、世界初、アメリカ最初の水爆実験である。水爆は、原爆の核分裂反応を引き金に、重水などの核融合反応を作り出し、原爆の数百倍から1000倍以上の爆発威力を持つ。「水爆マイク」の爆発威力は10.4メガトン（広島投下型原爆の約700倍）で、爆発の瞬間、エルゲラップ島は消滅し、島の跡には直径約2キロメートル、深さ約60メートルのクレーターができた。

　実験前、当時ウジェラン島に住んでいた169人のエニウェトク島の人々は全員、アメリカ海軍の船に乗せられて、さらに南西のコスラエ島（現在、ミクロネシア連邦コスラエ州）に向かって航行していた。その船に乗っていたトッコ・ヘンリーはそのときの様子を次のように言った。

　「船に乗せられてから数日後、私たちは夜明け前に起こされ、水平線のある方角を見るように言われました。間もなく、故郷のエニウェトクがある方向に巨大な明るい光を見ました。エニウェトクで何かの実験が行われることは聞いていました。とても悲しく思いました。というのは、エニウェトクはもうない、先祖からの故郷の島が永遠になくなったと思ったからです。私は泣き出し、ほかのみんなも泣いていました」

　「爆発後、私たちはウジェラン島に戻されました。浜辺に着いたとき、すべてのものが細かい塵で覆われていることに気がつきました。また、白っぽいフィルムが個人や共同の天水溜めに付いていました。船から降りたアメリカ人は、私たちが船に乗せられるときに島のあちこちに置いた器具を取り除きました。彼らは、細かい塵や天水溜めのフィルムについては何も言いませんでした。

　私たちは天水を飲み、調理に使い、洗濯に使いました。数日後、皮膚が痒くなり、発疹ができ、痛みました。何人かの髪の毛が抜けました。どうしてこんなことが起きたのか、誰もわかりませんでした」

　「水爆マイク実験」のフォールアウトによる他のマーシャル諸島の人々への影響は明らかではない。だが、1991年にアメリカ人の医療人類学者グレン・アルカレイがマーシャル諸島北部の8つの環礁の830人の女性を調査した結果、「水爆マイク実験」後、マーシャル諸島の女性の流産と死産が急増したことがわかった。

「水爆マイク実験」を目撃したトツコ・ヘンリー（左、マジュロ島、1994年3月撮影）

除染作業で、残留放射線の影響を調べるために残されたヤシの木
（エニウェトク環礁エンジェビ島、1978年9月撮影）

帰郷したジャプタン島では、上部が枯れてしまい、実がつかないヤシの木が見られた。ルニット島では除染作業が行われており、そのほこりは、たびたびジャプタン島にも流れていた（1978年6月撮影）

放射性物質の除染作業は終了したが、心配は終わらない

　エニウェトク環礁では1948年から1958年まで、アメリカによって44回の核実験が行われた（アメリカが太平洋での核実験としているエニウェトク環礁の北東約136キロの空中で1958年4月に行ったものを含む）。加えて、1971年から2年間、敵のミサイル攻撃の爆発による環境影響データを得る「太平洋クレーター形成実験（PACE）」と呼ぶ通常火薬に危険な放射性物質のプルトニウムを入れた爆発実験を複数回行った。

　アメリカは、エニウェトク環礁を旧島民に返還する約7か月前の1975年4月、核実験の放射性物質で汚染したエニウェトク環礁の島々の除染作業を行うことを決めた。事前の調査の結果、「低レベルの放射性物質に汚染された残がいや金属の屑、危険なプルトニウムに汚染された土壌など約16万1650立方メートルを取り除く必要がある」とした。国防省（DOD）などは除染費用を約3990万ドルと見積もったが、上院議会が認めたのは2000万ドルだった。

　予定額を大幅に減らされた結果、除染を行うのは環礁中東部のルニット島や北部のエンジェビ島など5つの島だけとなった。取り除いた汚染物は、ルニット島にある原爆実験でできたクレーターにコンクリートと混ぜて棄てることになっていたが、予算が減額されたためクレーターの底にコンクリートを張ることはしなかった。

　除染作業は1976年9月に始まり、1979年に終了した。作業は約4000人のアメリカ陸軍兵によって行われ、プルトニウムなどに汚染された土壌や残がいがコンクリートと共にクレーターに投棄された。このクレーターは、厚さ約54センチメートルのコンクリートで蓋がされドーム状になった。除染作業終了後、アメリカは帰郷した島民に対して、これら5つの島には立入らないよう警告した。

　汚染物を投棄したコンクリート製ドームは1981年ごろからひび割れなどの劣化が始まり、「台風で破壊されるのでは」と指摘されている。1991年からは、この

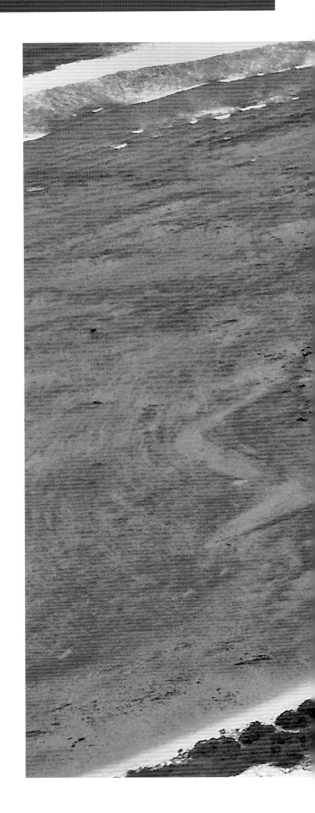

放射性物質による汚染の残がいを棄てたルニット島のコンクリート・ドーム。放射性物質が漏れ出すのではないかと懸念されている（1994年3月撮影）

ドームから猛毒のプルトニウムが漏れ出しているのではと言われているが、アメリカエネルギー省は2013年にこれを否定している。2019年5月にはドーム近くの海で高レベルの放射性物質に汚染されたシャコガイが見つかった。汚染の原因がドームから漏れ出た放射性物質によるものか、海底に沈殿している放射性物質によるものかは不明という。

　ドームはまた、海面上昇によって水没するのではと言われている。水没した場合は危険な放射性物質プルトニウムがエニウェトク環礁の内海に広がるのではと恐れられている。

看板に"DEPARTMENT OF THE ARMY CORPS OF ENGINEERS"（アメリカ陸軍工兵隊）の文字が見える。予算が削減されたために除染作業はアメリカ軍の兵士によって行われた（ルニット島、1978年9月撮影）

放射能除染作業のアメリカ兵。このような服装では長時間の作業はできない
（ルニット島、1978年9月撮影）

放射性物質の除染作業（ルニット島、1978年9月撮影）

除染作業で集められた汚染土は生コンクリートと混ぜられ、クレータに運ばれ棄てられた（ルニット島、1978年9月撮影）

生コンクリートと混ぜられた死の灰と汚染土は、パイプを通して原爆実験でできたクレーターに棄てられた（ルニット島、1978年9月撮影）

6　もう一つの核実験場エニウェトク環礁と住民

7 「水爆ブラボー実験」のヒバクシャ
――被ばくさせられた人々の声の記録――

ロンゲラップ島の人々

ロンゲラップ島での人々の暮らし

　マーシャル諸島北西部にあるロンゲラップ島は61の島々からなるロンゲラップ環礁の南東の端に位置する。島はアルファベットのLを逆さにして逆向きにしたような形で、幅は最長で2キロメートルもない。海抜は2～3メートル、高いところでも約4メートルと他のマーシャル諸島の島々と同じようにとても低く平である。

　居住地はアルファベトの「L」の字の曲がった部分にあって、家々はラグーン（環礁の内海。礁湖ともいう）に沿って建ち、家の後ろ側からオーシャン・サイド（外海側、常に荒い波が打ち寄せている）までの間にはヤシやパンノキの木、パンダナス（タコノキ）などが生えている。

　1954年当時、ロンゲラップ島には24戸の家と調理小屋、教会や学校、診療所があった。こうした建物のほとんどは平屋で、屋根をヤシの葉で葺いていた。このほかに飲料水や調理などに使う7つの天水（雨水）溜めが設置され、井戸も2か所にあった。住民は82人、うち4人は妊娠していた。

　人々は東の空が白み始めるころに起き出し、ヤシ殻に火をつけて朝食の準備を始める。朝食後、子どもたちは学校へ、女性たちは掃除や洗濯、その後はタコノキの葉を使ってゴザや籠を作る。男たちはヤシの木の清掃とヤシの実の採取、ときおり魚やヤシガニなどを取り出かける。コプラはヤシの実の果肉を干したもので貴重な収入源となる。安定的にヤシの実を採取するため、ヤシの木の植樹は重要な仕事となっている。コプラは、ほぼ月に1回のペースでマーシャル諸島の中心のマジュロ島からの巡航船でやってくる買付け業者に売り、そのお金で小麦粉やコーヒー、砂糖などの副食品と衣服、布地や糸と針、釣竿と釣り針と網などを買う。ロンゲラップ島の人々が日本の統治時代に知って食べ続けているコメのほか魚の缶詰、ミルクなどはアメリカから途上国向けの援助食料として支給されている。

役人がやってきたが……
核実験についてはなにもわからない

　1954年2月7日午前8時ごろ、ロンゲラップ島に巡航船タリー号がやってきた。いつも乗船しているコプラの買付け業者はおらず、マーシャル諸島行政府の役人だけが乗っていた。役人は上陸するとすぐに評議会を開くように求めた。村長や助役、保健師、校長などからなる評議会のメンバーが集まり会合が開かれた。役人は「ビキニ環礁で核実験が行われようとしている」と言った。評議会は核実験についてもっと多くの情報が知りたいと、「行われる日はいつか」、「実験はどれほど強力でロンゲラップ島と住民にどのくらいの影響があるのか」、「必要な対策はあるか」、「1946年にビキニで行われた実験と同じものか」などを質問した。役人は質問には答えなかった。評議会のメンバーが知ったことは、今度の実験は以前にビキニで行われたものより100倍も強力なものだということだった。会合は約10分で終わった。

　ロンゲラップ島の人々は、約180キロメートル西に位置するビキニ環礁で1946年に原爆実験（7月に2回実施。アメリカがマーシャル諸島で行った最初の核実験）が行われたとき、その2か月前の5月に約100キロ南のラエ島に避難させられていたのである。そして、実験が終わった1カ月後に戻されていた。

　行政府の役人が島を去ると、ロンゲラップ島の人々はいつもの暮らしに戻った。この評議会から1週間後の2月14日、18人が2隻のカヌーに分乗して、約24キロ西のアイリングナエ環礁シフォ島にコプラづくりとヤシガニ、シャコガイ、海鳥などの食料を取りに出かけていった。ロンゲラップ島からはカヌーで4～5時間かかるという。アイリングナエ環礁の島々と、そこから約50キロメートル東のロンゲリック環礁の島々はロンゲラップ島の人々に所有権があり、コプラづくりやヤシガニ、魚介などの食料をとる所として度々利用していた。アイリングナエ環礁に出かけていった18

人のうち、1人は妊娠していた。

ふだん通りのいつもの朝に突然の強烈な光

　当時の村長のジョン・アンジャインによれば、2月20日にもう一度巡航船タリー号がやってきたという。乗っていたのは信託統治領政府の役人でウィリーと名乗り、日系ハワイ人のような男だったようだ。男はジョン村長に対して、自分の人差し指の先をつまんで、「お前たちの命はこれだけだ」と言ったという。ジョン村長は、「どうして私たちを他の島に移さないのか」と聞くと、「アメリカ政府は島民を移動することを決めていない」と答えたという。

　翌2月21日、ジョンは20人ほどの人々と共に3隻のカヌーに分乗して約15キロ北にあるエニアエトク島にコプラづくりに出かけた。エニアエトク島には11戸の家があって寝泊まりができた。一行は28日の日曜日に教会のミサに参加するため前日の27日にロンゲラップ島に戻った。しかし、3月1日にはコプラづくりを続けるために、再びエニアエトク島に行く予定だった。

　1954年3月1日午前4時ころに、校長で教師のビリエット・エドモンドは起き出し、村長の家の前でこの日から始める学校給食の準備のために鍋などの調理器具を洗おうとしていた。その場所はちょうどアルファベットのLの字の曲がった部分で少し小高い所で、東から西と北から南に向かって大きく広がるラグーン全体を見ることができた。ラグーンはいつものように静かで、北西からのそよ風が家々に涼しい風をもたらしていた。夜明け前で薄暗かったが、半マイルほど離れたラグーンに浮かんでいたカヌーがいつの間にか見えなくなっていた。後に、カヌーはティマ・メリリンのもので、彼が一晩中釣りをしていたことを知った。

　調理器具を洗う前にコーヒーを淹れ、飲み始めると、ジョン村長がやってきて二人で飲んだ。やがて、給食を手伝うために起きてきたメナドリック・ケペンリの長男イロシがやってきてミルクとドーナッツを食べ始めた。

　5時から6時の間だったという。西の空に強烈な閃光が見えた。

※人々の証言は、1985年4月〜5月にロンゲラップ島、マジュロ島、クワジェレン環礁イバイ島で取材したときのものを中心に、以下の資料の一部を引用して補った。（写真は特に記載のないものはこのときに撮影したもの）

"Hardship and Consequential Damages from Radioactive Contamination, Denied Use, Exile, and Human Subject Experimentation Experienced by the People of Rongelap, Rongerik, and Ailinginae Atolls." Prepared at the request of: Bill Graham, Public Advocate, Nuclear Claims Tribunal. Submitted by: Barbara Rose Johnston and Holly M. Barker. September 17, 2001.

"Utrik Atoll: The Sociocultural Impact of Living in a Radioactive Environment-An Anthropological Assessment of the Consequence Damages from Bravo." Prepared at the request of: Utrik Atoll Local Government and Office of the Public Advocate Nuclear Claims Tribunal. Submitted by Glen H. Alcalay. June 28, 2002.

※証言者の職業と年齢は「水爆ブラボー実験」が行われた1954年3月時点のもので、女性の名前は1985年時のものである。

※氏名のファーストネームとファミリーネームの順は、それぞれの証言者が自ら語ったことに基づく。このため家族や親族でもファーストネームとファミリーネームの順が違う場合がある。

ジョン・アンジャイン

「水爆ブラボー実験」時の職業／年齢 …… 村長／28歳
被ばくした場所 …… ロンゲラップ島
親族・続柄、家族の被ばく状況など …… レコジ・アンジャインの父。
ミチュワ・アンジャインとの間に7人の子どもがあり、うち5人が被ばく

　"Bomb"（3月1日の「水爆ブラボー実験」を指す）の朝、教師のビリエットと共に浜でコーヒーを飲んでいた。そのとき、陽が昇ったように思った。西の方角で、きれいで、赤、緑、黄色などたくさんの色があって、とても驚いた。少し後から東に太陽が昇った。しばらく後に空全体に煙がかかったようになったとき、強い、暖かい風が島に吹きつけた。まるで台風のようだった。その後、爆発のような大きな音を聞いた。何人かが恐ろしさに泣き出した。

　数時間後、パウダーが降り始めた。頭上を4機の飛行機が飛んでいくのが見えた。飛行機がパウダーを落としたと思った。パウダーは島を覆い、身体にもついた。空はかすんで半分しか見えなくなった。息子のレコジ（四男、当時1歳）はそのなかで転げまわって遊んだ。昼食後のコーヒーの中にも降り落ちてきたが、気にせずに飲んだ。

　次の日（3月2日）の朝早く、保健師のジャブエと教師のビリエットと共にすべての天水溜めを見て回ったところ、水が黄色に変わっていた。それからみんなに、「天水溜めの水は飲むな。『ニ』（マーシャル語でヤシの実の果汁）だけを飲むように」と伝えた。

　何人かが嘔吐と全身の痒み、眼がヒリヒリするなどの症状と、疲れを感じるなどと訴え、「具合が悪くなった」と言った。ほとんどの者が倦怠感からか、いつものように動けなくなった。元気に動ける何人かの若者たちに、動けない者に「ニ」を飲ませるためにヤシの実を取ってくるように頼んだ。

　夕方、水上飛行機がラグーンに降りて、奇妙な機械を持った2人の男がやってきた。彼らはわずか20分ほど滞在し、天水溜めと地上の何かに機械をあてた後、帰っていった。彼らは何も言わなかった。

　3日目（3月3日）の朝、アメリカ海軍の駆逐艦がやってきた。同時に、前の日にきた水上飛行機もやってきた。司令官らしき男がマーシャル人通訳のオスカー・デブラムを通して、「すぐにこの島から出なければならない」と言った。私は「準備は何もしていない、何をするかを長老に決めてもらうので評議会を開きたい」と返答した。アメリカ人の1人が、「ジョン・アンジャイン、あなたはすぐにこの島から離れなければならない。そうしなければ、みんな死んでしまう」と言った。ほとんどの人が酔ったようにフラフラしていて、本当に弱っていた。保健師のジャブエと相談して、妊娠中の女性と子ども、老人など16人を選んで飛行機に乗せ、残りの者は駆逐艦に乗った。「着ている服以外は何も持っていけない」と言われた。駆逐艦に乗ると、後部の甲板で、ホースで熱い水をかけられ、痛かった。その後、石鹸をもらってシャワーを浴び、兵隊の服をもらって着替えた。女性たちは兵隊の服が合わないので、着ていた服を洗濯してもらって着た。その間は毛布をまとっていた。

　その後、船はアイリングナエ環礁シフォ島でコプラづくりや魚、ヤシガニなどを取りに出かけていた18人を乗せた後、クワジェレン島に向かった。

　3月4日朝、クワジェレン島に着き、兵舎のような建物に入った。みんな重症で、体にできた火傷がひどく痛み、首や足から出血していた。みんなに番号がつけられ、私は40番と言われた。

　その後、ラグーンで水浴びをさせられた。水浴びは毎日、朝と夕方の2回で、3週間ほど続いた。みんな火傷ができていて、海の水がしみて痛がった。子どもたちは水浴びのたびに泣いた。私も両腋の下に火傷ができていて、海に入ると痛かった。しばらくすると、足に血の塊ができ、足の指全部と手の指の一部にもできた。血の塊が取れたとき、爪も一緒に取れた。

手に持っているのはアメリカが被ばく証明用に撮影した当時のジョン・アンジャインの写真（２０００年１０月撮影）

クワジェレン島に着いてから１週間後くらいだったと思うが、アメリカからクロンカイト（Eugene P. Cronkite。放射線生物学者。人体実験ではといわれる「プロジェクト４．１研究」の研究者メンバー）やコナード（Robert A. Conard、ブルックヘブン米国立研究所の医師。この日以降、被ばくしたロンゲラップ島とウトリック島住民の健康診断を行う医師団の団長）と医療チームがやってきた。

　「水爆ブラボー実験」から３か月後（６月９日）、私たちはマジュロ環礁のエジット島に移動させられた。

　エジット島で３年間過ごした後、1957年６月29日、故郷のロンゲラップ島に帰った。故郷の島は変わっていた。ヤシやパンノキに実が少なく、マクモク（アローロート＝クズウコン。そのまま食べたりヤシの実の料理にすりおろして使う）を食べると口の中がヒリヒリしたり、マーシャル語で「ボ」という水泡が口の周りにでき、下痢をした。体全体が痒く、とくに足が痒かった。AEC（アメリカ原子力委員会）の医師（コナード医師などブルックヘブン米国立研究所の医師）は「ロンゲラップに放射性物質はあるが大丈夫、体が痒い症状は何の問題でもない」と言ったが、痒さは長く続いた。

　故郷の島に帰島後、多くの女性が出産のとき、人間ではないような恐ろしい生き物を生んだ。それは、猿のようであったり、ブドウの房のようであったりした。生まれた子どもの１人は、出産直後はとても大きく見えたが、頭は完全ではなく、３日後に亡くなった。

　1963年に人々の甲状腺に問題が起きた。1968年には私の息子レコジと２人の子どもが甲状腺異常のためニューヨーク州（ブルックヘブン米国立研究所）に連れてゆかれ手術を受けた。レコジは1969年にマジュロ島のミッションスクールに入学したが、体の具合が悪くなり、１週間学校に通うと次の２週間は休んだ。その間、血便が出て、歯茎からも出血した。1972年９月、高校を卒業後、検査のためにハワイにいき、その後アメリカ本土で治療をうけた。

　私は、1972年８月に、ロンゲラップの人々を日本の医者に診てもらおうとマーシャル諸島選出のミクロネシア議会議員アダジ・バロスと共に初めて日本を訪れ、広島と長崎の記念式典と原水爆禁止世界大会に出席した。

　マーシャルに戻るとコナード医師から連絡があり、妻のミチュワと共にメリーランド州ベセスダの海軍病院に向かった。11月15日、レコジは急性骨髄性白血病で亡くなった。19歳だった。遺骸と共にマーシャルに戻ってロンゲラップ島の墓地に埋葬した。

　私は1973年６月にオハイオ州クリーブランドの病院で甲状腺結節の手術を受けた。マーシャルに戻ると、クワジェレン環礁イバイ島に移った。

※1980年４月、アメリカのワシントンで開かれた「全米放射線被害者市民公聴会」に参加したジョン・アンジャインは、1994年３月には「ビキニ水爆被災40年記念集会（３・１ビキニデー）」に参加するため弟のネルソン・アンジャインと来日した。また、2004年３月に静岡県焼津市で開かれた「50周年記念集会」には姪と共に日本を訪れている。2004年７月、肺と胃に腫瘍のようなものが見つかり、精密検査のためにハワイの海軍病院に入院し、同20日に亡くなる。死因は胃ガンとされている。享年81歳。

※日本統治時代に気象観測員としてロンゲラップ島に赴任していた友人の小宮重雄氏に宛てて1996年10月に送った手紙で、ジョン・アンジャインは、「ビキニ、スイバクシッケンワ　イショウニスヨイ（非常に強い）。ボクラタッテ、カナワンカッタ」（原文のママ）と書いている。

1957年6月に人々がロンゲラップ島に帰島した最初の日の様子（ジョン・アンジャインのアルバムよりから）。

1957年6月、ロンゲラップ島に戻された元島民の人々に対して、アメリカ人から朝食が配給された（ジョン・アンジャインのアルバムから）

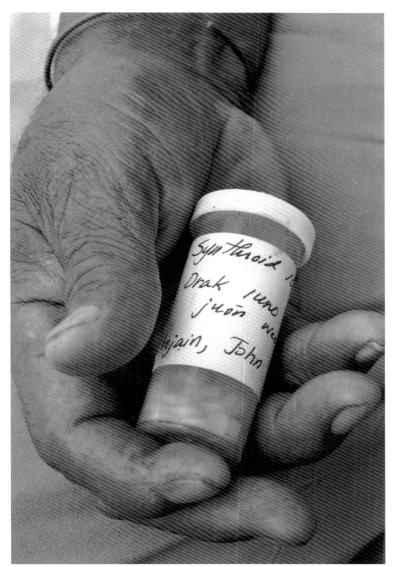

ジョン・アンジャインが服用する甲状腺ホルモン剤「シンスロイド」

7　「水爆ブラボー実験」のヒバクシャ　　99

ジャカレアス・アンジャイン

「水爆ブラボー実験」時の年齢 …… 6歳
被ばくした場所 …… ロンゲラップ島
親族・続柄、家族の被ばく状況など …… 実験時の村長ジョン・アンジャインとミチュワの長男。ジョージ・アンジャインの兄。二男一女の父。「水爆による死者第1号」とされるレコジの兄。

爆発のとき、大きな音を聞いたが、外へは出なかったので、光は見なかった。パウダーが落ちてきたときは父親のジョンと一緒にいたが、何が起きたかは知らなかった。これ以外、当時のことは何も覚えていない。

甲状腺の手術を1969年と1982年の2回受けている。以来、甲状腺の薬は飲み続けている。

昨年（1984年）の12月、2週間くらいイバイ島の病院に入院していた。頭が痛く、狂ったようになったからで、薬で治療した。

いまは、イバイ島で船会社の荷物管理の仕事をしている。子どもは3人（息子が2人と娘が1人）で、みんな健康に問題はない。

ジョージ・アンジャイン

「水爆ブラボー実験」時の年齢 …… 3歳
被ばくした場所 …… ロンゲラップ島
親族・続柄、家族の被ばく状況など …… 実験時の村長ジョン・アンジャインとミチュワの次男。ジャカレアス・アンジャインの弟。四男一女の父。「水爆による死者第1号」とされるレコジの兄。

当時にことはほとんど何も覚えていないが、船に乗せられたことは記憶している。クワジェレン島に行ったと聞かされた。

1957年に故郷のロンゲラップ島に帰郷後、1968年にイバイ島に移った。以来、ロンゲラップ島には一回も行っていない。1981年からクワジェレン環礁地方政府の公衆衛生局長として仕事をしている。

1968年にボストンで甲状腺の手術を受けてからは、甲状腺ホルモン剤を1日1錠飲んでいる。

子どもは息子が4人と娘が1人の5人で、みな健康に問題はない。

ビリエット・エドモンド

「水爆ブラボー実験」時の職業/年齢 …… 学校長・教師／23歳
被ばくした場所 …… ロンゲラップ島
親族・続柄、家族の被ばく状況など …… メナドリック・ケペンリの次女ベティと結婚。養子の長男ロバート（実母はアルミラ・マタヨシ）は胎内被ばく者で、1954年9月に生まれる

　閃光は圧倒的な迫力があり、ゾッとさせるもので、時計を見ようとも思わなかった。そもそも、時計を持っていたかどうかも気にしなかった。閃光が光っていた時間はほんのわずかだったが、激しい光だった。閃光が消えると同時に西の水平線に巨大な、真っ赤に煮えたぎった太陽のような火の玉が昇った。私たちが知っている太陽よりもはるかに大きかった。それは熱を放ち、稲妻を走らせていた。強烈な熱はこの世のものとは思えなかった。火の玉が水平線上に昇ったとき、その上部は吹き上がり、かき混ぜられた原子の粒子が噴出したようだった。さらに火の玉は、上の方に燃え上がったかと思うと、真っ黒な雲が広がり、夜のように暗くなった。村長、養子のイロシ、まだ1歳にも満たないアレットと私の誰一人として動くことができなかった。

　一瞬の間に煮えたぎったように見えた奇妙なものは巨大なキノコのように大きくなって北の方向に昇り、空を覆った。大気全体が血のように染まり、熱が襲ってきた。その熱は本当に危険で何か悪いことが起きそうに感じた。熱は私たちのむき出しの肌をさし、灼いた。誰もがその恐ろしい熱から逃れるすべはなかった。

　爆発は、第二次世界大戦の最も大きな爆弾100発の爆発以上の大きな音と共に私たちの島全体を飲み込む竜巻のような風が吹いた。それは、ヤシの木をねじ曲げて、根こそぎに倒した。窓とドアも吹き飛ばされ、1軒の家は横倒しになった。椅子に座っていた養子のイロシは座ったまま倒された。その風は1分以上続くことはなかった。そのときにはもう本当の太陽がすでに昇っていた。

　学校給食の準備はできなかったが、授業はいつもより少し遅れて9時ごろに始まった。環礁全体が濃い霧に包まれて、10時ごろには太陽は隠れてしまった。11時30分に授業が終わり、学校の鍵を閉めて外へ出ると、私と生徒たちは降り落ち始めたパウダーに出迎えられた。パウダーは少し変わった雪のようで、私たちを怖がらせるものではなかった。学校から家に帰る間、私についてきた子どもたちはパウダーの中を走り回っていた。そして誰が一番多く集められるかを競った。

　薄暗くなり、霧に覆われたような日没が近づいた午後6時ごろ、ほとんどの者がおかしなチクチクする痛みや痒みに苦しみ悶えた。子どもは泣き、体を掻きむしり、捻って転げまわったがどうしようもなかった。パウダーは大地を覆い、すべてのものの上に積もっていて、淡い黄色をしていた。葉の上には1インチ（約2.5センチ）以上も積もっていた。

　3月2日（「水爆ブラボー実験」の翌日）、学校を休みにした。私は吐き気を感じ、養子のアレットは頻繁に吐いた。島民の一人ひとりがさまざまな症状に見舞われていた。何人かの子どもと年寄りは下痢をしていた。しかし、島にある医薬品ではこれらの症状を抑えることができなかった。

　日没前の午後4時から5時の間に水上飛行機が飛んできて、目の前のラグーンに着水した。黄色のゴムボートが投げ出され、明るいオレンジ色のオーバーオールを着た2人の見知らぬ者がそのゴムボートに乗り込むと、パドルを漕ぎ、小さな機械と本を持って、海岸から少し離れて立つ私に向かって駆け寄ってきた。天水溜めに近づくと、ホースのようなものを機械につないだ。連続するクリック音に驚くと、もう1人が授業でノートをとるように本に何かを書き続けているように見えたが、覗くと何も書いていなかった。2人は家に近づくと同じこと繰り返し、すぐにボートに駆け戻って立ち去った。男たちが乗り込むと、水上飛行機は来たときよりもいっそう早く飛び去っていった。私た

7 「水爆ブラボー実験」のヒバクシャ　103

ロンゲラップ島の浜辺に立つビリエット・エドモンド（左）とジョン・アンジャイン（1985年5月撮影）

ちは何か情報を得たいと集まっていたが、質問することもできず、誰もが家に戻っていった。

　3月3日午前7時ごろ、巡洋艦が南の水道を通ってロンゲラップの静かな青いラグーンに入った。雲ひとつない空で、涼しい風が吹いていた。巡洋艦が島に近づき、水上飛行機も村の前に着水した。前日来た飛行機と同じもので、乗員はオレンジ色のオーバーオールの服を着ていた。今回はマーシャル人で通訳のオスカー・デブラムも一緒だった。乗員たちは迅速に動き回った。

　通訳のオスカーを通して、私たちは「できるだけ早く移動すること」、「着ている服以外は何も持ってはいけない」と告げられた。

　私は村長と保健師のジャブエと話し合い、老人、妊産婦、赤ん坊のいる母親と重症の者を飛行機の乗せることにした。残りの者は巡洋艦に行くよう告げられた。飛行機は大急ぎで人々を乗せると離陸を始めた。その間に残りの者を巡洋艦に乗せるために2隻のボートがやってきた。巡洋艦に乗ると男女別に分けられた。

　その後、船は約15キロメートル東のエニアエトク島に寄り、誰も残されていないことを確認すると、旋回して南西の方角に舵をきった。みな黙って故郷の島に別れを告げた。何人かの年寄りが涙を浮かべていた。

　ロンゲラップ島を出ると、船はアイリングナエ環礁に向かった。アイリングナエ環礁に2週間前からコプラづくりやヤシガニなどの食料を取りにロンゲラップ島から出かけていた18人がいる。18人の中には私の祖父もいて、ビキニ環礁に近いので、とても心配だった。環礁の中央の島に来たとき、人々が浜辺に出てくるのが見えた。神よ！　彼らは生きていた。船が岸へ向かって舵を切ったとき、私は人々の頭数を数え始めた。浜辺に着いてボートに乗ったのは18人だった。人々はもちろん何も持ち出すことができず、島には長さ約9メートルのカヌーのほか、たくさんのコプラ、塩漬けした魚や貝、生きた海鳥やウミガメが放置された。それらをつくったり、捕獲したりした人々のたいへんな労働を考えるととても残念に感じた。

　アイリングナエ環礁を離れたのは午後の遅い時間で、船はクワジェレン島に向かった。クワジェレン島に着くと待ち構えていたトラックの乗り、居住区に連れて行かれた。

　クワジェレン島に着いて2日後、軍医の集団が私たち被害者の調査を始めた。ロンゲラップ島の人々は吐き気、皮膚の火傷と変色、下痢、頭痛、目の痛み、脱毛、感覚がないなどさまざまな症状を訴えた。特に子どもたちは重症だった。養子で10歳のイロシ・ケペンリは胴体、足、頭、首と耳にひどい火傷を負っていて、苦しい症状が続いていた。1歳のアレットもまた皮膚のかぶれと下痢、吐き気に見舞われていた。私も首と足、両手に火傷を負い、髪の毛も抜けていた。

　その後、アメリカ本国から多数の医師と技術者がやってきた。その中の医療団の中心がロバート・コナード医師で、以後長い間、私たちを診ることになった。学校の教材も支給されず、学校は閉鎖しなければならなかった。失業した私は、コナード医師の通訳として働き始め、人々がマジュロ環礁の何もないエジット島に移動するまで続けた。

ベティ・メナドリック

「水爆ブラボー実験」時の年齢 …… 6歳
被ばくした場所 …… ロンゲラップ島
親族・続柄など …… メナドリック・ケペンリの次女。ノリオ・ケペンリとメリー・メナドリックの妹。ビリエット・エドモンドと結婚

　実験のときは、小学校に入ったばかりで、白いパウダーが降るのを見たことと、大きな船に乗せられたことを覚えている。

　甲状腺の手術を1969年と1979年の2回、オハイオ州クリーブランドの病院で受けた。それ以降、毎日甲状腺の薬を飲んでいる。いまは、疲れやすく、太りやすい。

　教育プログラムの専門家なので、教えるために、昨年（1984年）は2回ロンゲラップ島に行った。子どもたちにロンゲラップとビキニ、エニウェトクの島のことを教えてきたが、彼らは無邪気だった。

　ロンゲラップの島々の80パーセントは放射性物質に汚染されているようだ。とくに環礁北部の島々はひどく汚染されていて、種類によって野菜やアロールート（クズウコン）は食べられないと聞いている。

夫のビリエット・エドモンドとともに

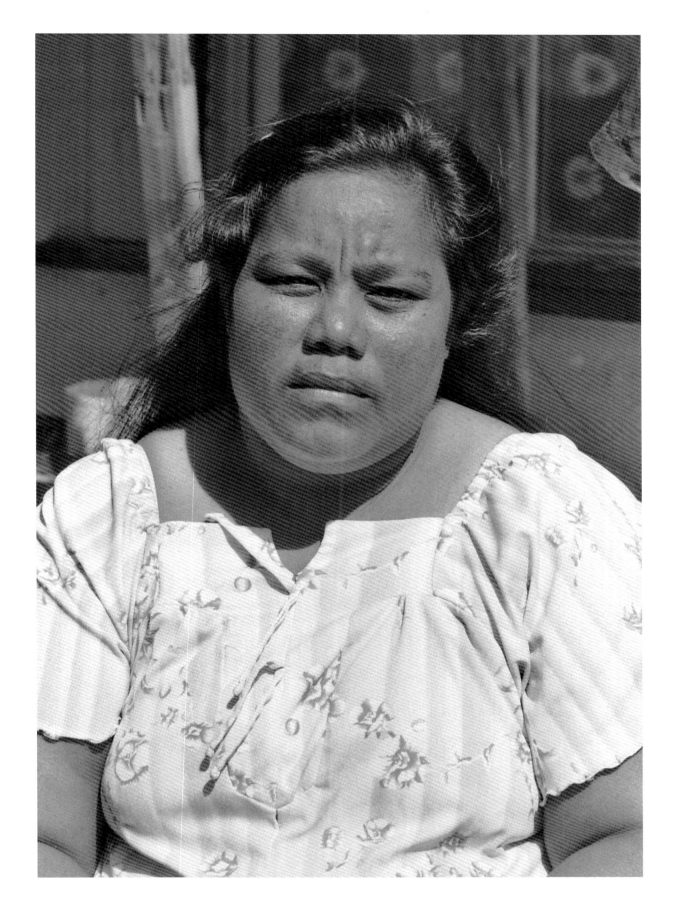

メナドリック・ケペンリ

「水爆ブラボー実験」時の年齢 …… 35歳
被ばくした場所 …… ロンゲラップ島
親族・続柄、家族の被ばく状況など …… イロシ・ケペンリの母。
子どもは二男五女がいて、全員が被ばく

朝早く目覚めて、外へ出たら西の空が真っ赤だった。またいろいろな色が混じった虹のようでもあった。すぐに村中が真っ赤に染まった。それは、西の空に見えた色がロンゲラップ島に向かって来たからだと思った。その後に大きな音を聞いた。強い風が吹いてきて、家が動いた。家の中に掛けていた服などさまざまなものが落ちてしまった。

昼ごろになると、パウダーが落ちてきた。白い小麦粉と思っていたら、子どもたちから怒られた。でも私は白い小麦粉をまいたと思った。どうしてそう思ったかというと、飛行機が飛んで行くのが見えたから。腕にかかったパウダーを集めて舐めてみたら、苦い味がした。パウダーは腕にかかると熱く、皮膚が痒くなった。パウダーがかかった子どもたちには水をかけて洗い流してやった。

その夜、食べ物を食べたら吐いた。天水溜めの水はパウダーが入って黄色くなっていた。ジェムロック（五女、当時1歳）とナイキ（三女、当時3歳）はその水を飲むと、すぐに吐いた。私は、水は飲まなかったけれど、体中が痒く、眠れなかった。

次の日、飛行機がやってきて水たまりをチェックし、何も問題はないといってすぐに飛び立っていった。

それから私たちはクワジェレンに行った。子どもたちの多くが病気になり始めた。私は胃が痛み、何度も吐いた。これは、私たちの問題の始まりとなった。

ロンゲラップに戻ったとき（1957年6月）、私たちの暮らしは以前とは大きく違った。体に多くの問題があり、いまも続いている。島に戻ったときは、多くの女性にタコのような子どもが生まれた。何人かの子どもは体の一部に骨がなかった。

私の子どもの1人（長男のイロシ・ケペンリ）は16歳で亡くなった。マジュロの中学校に入ったときに頭の毛が抜け、気が狂ったようになった。ポイズン（マーシャル諸島の人々が「放射能」や「放射性物質」を指すときの表現）のせいだと思う。

※ハルコ・アインリは、イロシについて「死ぬ前は気が狂ったようになって島中を歩き回っていた。近くにあるものに頭を激しく打ち付け、痛みのせいか手足をバタバタさせていた」と言っていた。

およそ10年前（1974年ころ）、ロンゲラップ島の人びとの間で甲状腺異常が一般的となった。一人の少年が白血病で亡くなったころ、私はロンゲラップ島を離れ、イバイ島に移った。ロンゲラップ島のポイズンがこわくなり、不安になって、この島に住むと命が縮まると思った。

イバイ島では何でも買わなければならない。しかし、敷ゴザは売っていない。敷ゴザを作るタコノキの葉もないので、タイルの上に寝た。イバイ島で暮らすにはお金が必要なんだ。お金がなくなったと同時に食べ物もなくなった。魚を取りに行く乗り物（カヌー）も海鳥を取りに行く乗り物もない。イバイ島で育った私の子どもたちはあてもなくふらついている。自分の島にいなければ魂がしっかりしていない、だから故郷の島のロンゲラップに戻った。

DOE（アメリカエネルギー省）の医者は、「私の甲状腺に異常がある」と言っているが、手術はしていない。「シンスロイド」（甲状腺ホルモン剤）は飲んでいる。DOEの医者は「高血圧で腎臓も悪い」と言っている。1985年4月の検診のとき、右腕と背中から血を取られた。

ノリオ・ケペンリ

「水爆ブラボー実験」時の年齢 …… 10歳
被ばくした場所 …… ロンゲラップ島
親族・続柄など …… メナドリック・ケペンリの次男。四男三女の父

　西の空に大きな、明るい光を見た。7時か7時30分ごろ、大きな音を聞いた。

　灰が降り始めたのは12時か13時ころで、仲間と泳いでいたときだった。その後のことは覚えていない。灰が入った食べ物を食べた。飛行機に乗せられて島を離れた。ラッキーだった。クワジェレン島に着いて目が覚めたとき、髪の毛がすべて抜け落ちていた。また、手と足に火傷のようなものができ、皮膚がむけた。クワジェレン島では、アメリカ人がよく食べ物をくれたので調理をすることはなかった。

　突然、調理器具も食器もない（マジュロ環礁の）エジット島に移された。アメリカ人は女性たちの居場所をつくるために「Cレーション」や「Kレーション」（どちらもアメリカ軍の戦闘携帯食料）が入っていた段ボールの板紙を使って、雨水が浸み込んでくるのを防ぐシェルターのような壁の家をつくった。エジット島には十分な水はなく、地下水は飲むには適さなかった。私たちは島のすべての場所で穴を掘り、良い水を得ようと試みたが、そのような場所はなかった。エジット島での生活は食料もないし、パンノキの実もなく魚を取るところもないので、苦しいものだった。

　エジット島では、やってきたアメリカ海軍の兵士から喫煙を覚え、悪い習慣を始めるようになった。また、食べ残しを海岸にゴミとして棄てるようになった。子どもたちは捨てられたゴミに気を付けなかったので、何人かが、アメリカが与えてくれた食べ物の缶詰の空き缶のとがった蓋で足などを切ったことを覚えている。傷口は本当に深かった。

　「Cレーション」や「Kレーション」が与えられた。「Kレーション」には甘いものが入っていて、私たちはそれだけを食べて、残りを捨てた。このとき、初めて甘いものを食べたのである。

　1957年に故郷のロンゲラップ島に帰って、1960年までいたが、その後、マジュロ島の高校に入った。1968年にロンゲラップ島に戻ったが、その後イバイ島に移り、クワジェレン島基地の設備関係の仕事を得た。1976年5月に、健康に不安があったため日本の専門家の診察と治療を受けるためにエリオ・ボアスと共に「原水禁（原水爆禁止日本国民会議）」の招待で日本に行き、長崎の病院で診察を受けた。日本には大きな町、大きな建物があってとても驚いた。

　放射線を浴びて被ばく者となったことは、私たちにとって屈辱となった。病院に診察を受けに行くと、他の人々は私たちが誰であるかを知っていて、指を指すのだ。多くの人々が、「ロンゲラップ島の人とは結婚するな、彼らは病気で、あなたの子どもも病気になる」というようなことを言う。ウトリック島の人々がクワジェレン島から故郷の島に戻されるときに聞いたのは、「彼らがウトリック島に帰るのは、ロンゲラップの人々から放射線をうつされたからだ」という言葉だったという。屈辱はいまも続いている。子どもたちがマジュロ島の学校を卒業するとき、「ロンゲラップから来た」とは言わないのだ。

　結婚後、子どもは7人（息子が4人と娘が3人）いるが、男の子が1人、耳が悪く、よく聞こえないようだ。

　私自身は、いつ見つけられたかを覚えていないが、甲状腺異常で、まだ手術を受けておらず、毎日甲状腺ホルモン剤を飲んでいる。ほかに悪いところはない。

　私たちは歌うことを愛していて、クリスマスの時期はみんなで集まって歌う。しかし、いまはクリスマスに興味を持っていない。歌えないからだ。私も声の質が変わってしまい人前では歌わない。なぜなら声が割れて、思春期の低音の状態みたいになり、私が歌い出すと他の人からじろじろと見られるからだ。

メリー・メナドリック

「水爆ブラボー実験」時の年齢 …… 7歳
被ばくした場所 …… ロンゲラップ島
親族・続柄など …… メナドリック・ケペンリの長女。ノリオ・ケペンリの妹。ベティ・メナドリックの姉。六男三女の母

　水爆実験のときは、起きていた。突然光ったので驚いた。顔を洗って、学校に向かったとき、大きな雷のような音を聞いた。音を聞いた後、北西から強い風が吹いてきたが、それが爆風かどうかはわからない。

　午後になって、白い粉が空全体を覆った。その粉が落ちてきて目に入った。赤い飛行機が飛んで行くのが見えた。飛行機が飛んだ跡が残るほどだった。飛行機がその粉をまいたのだと思った。あとで誰かに聞いた話では、「その飛行機は無人で、猫や鶏やブタが乗っていた」ということだった。

　その日の夕方、5時ころ、吐き気がして、体がしびれたようになって眠くなったことを覚えている。

　その後、船に乗せられてクワジェレン島に行った。

　結婚し、子どもは9人いる（息子が6人と娘が3人）。流産は3回経験した。一番下の女の子は生まれたときから体全体が火傷をしたように赤く、下から2番目の男の子は生まれつき心臓が悪い。

　1982年に甲状腺の手術を受けた。それからは疲れやすく、眠い日が多い。内臓も調子が悪く、声がよく出ない。

病死した妹メリーの墓（右手前）の前に立つノリオ・ケペンリ（マジュロ島、2006年3月撮影）

ジョチア・ジョルジュ

「水爆ブラボー実験」時の年齢 …… 43歳
被ばくした場所 …… アイリングナエ環礁シフォ島
親族・続柄など …… ジャブエ・ジョルジュの兄

　爆弾の前の晩に、飛行機が飛んで行く音を聞いた。その日の朝は起きていて、外にいた。真っ赤で、赤や青などの色が混ざった虹のような明るい光を見た。その後、細長い雲のようなものが立ち昇った。何だろうと見ていると、それは空の上の方に昇っていって大きく開いた。その後に、音が聞こえて、強い風が吹いてきた。

　午後3時ごろ、パウダーのようなものが降り始めた。そのパウダーは立ち昇って開いた雲から降っていると思った。パウダーは島全体に降り、みんなの皮膚にかかり、天水溜めに入り、その中の水は黄色に変わっていた。気味が悪いので、その水は飲まなかった。パウダーが降っている間、海鳥が飛んでいるのを見なかった。

　ポール・ユルチマンをカヌーに乗せて、アイリングナエ環礁の他の島に出かけている人がいないか捜しにいった。

　避難の船が来るまで、海鳥の肉を食べ、ヤシの実の汁を飲んでいた。パウダーが降った日とその次の日は何も起きなかったが、クワジェレン島に行ってから髪の毛が抜けた。目も見えにくくなった。

　甲状腺に異常はないが、薬は飲んでいる。体にこれといった異常はないが、いつも腰の骨が痛む。

　※ジョチア・ジョルジュは1957年にロンゲラップ島に帰った後、保健師助手を務めた。そのとき、マジュロ島の地域公衆衛生局長に宛てて以下のような手紙を書いてロンゲラップ島への帰島に対する懸念と、治療の助言を求めている。

　被ばくした人々の膿を伴ったカサブタは3か月以上たっても治らず、ますます悪化していく。そのような症状はエジット島にいたときは見られなかったが、いまは多くの者にその症状がある。私は、ロンゲラップ島には依然として放射性物質があると考える。というのは、足に小さな切り傷を負った場合、感染し、傷がより大きくなるからである。人々の間では、頻繁に異常な痛みが出ているのが見られる。AEC（アメリカ原子力委員会。その後DOEとなる）の医師団がロンゲラップ島を訪れる前に、マーシャルの医者が来てくれることを望む。そうすれば、これらのことが起きる正しい原因を知ることができるからである。マーシャルの医者ができるだけ早く来ることを望んでいる。

ジャブエ・ジョルジュ

「水爆ブラボー実験」時の職業/年齢 …… 保健師／25歳
被ばくした場所 …… ロンゲラップ島
親族・続柄など …… ジョチア・ジョルジュの弟。ジョニータ・ジョルジュの父

　1954年の「水爆ブラボー実験」のとき、保健師をしていた。寝ていて、明るい光で目が覚めた。北西の空に赤い光を見たときは非常にショックを受けた。しばらくして、大きな音を聞いた。診療所に着いたとき、強い風が吹き抜け、すべての木が激しく揺れた。

　昼ごろから午後3時ころまでパウダーが降り落ちてきた。パウダーは体について、痒くなり、お腹も痛くなって寒気も感じた。みんなが私のところにやって来て、「煤のようなパウダーで目がヒリヒリ痛む」、「吐き気がするな」などと訴えた。このとき、太陽は色を失っていた。

　目の痛みや吐き気などを訴えたのは若い人たちで、年老いた人々は訴えずにいた。診療所にはマジュロ島から送られてきた薬があったので、お腹が痛いという人だけに薬をあげた。身体が痒いという人や火傷のようなものができた人にあげる薬はなかった。

　次の日、水上飛行機で2人の男がやってきたけれど、私たちには何も言わなかった。奇妙な装置で島の検査を始めたが、私たちはみな疑いの目でそれを見ていた。

　その次の日、まず水上飛行機が飛んできた。それから2時間くらい後に船がラグーンに入ってきて、私たちに「何も持たずに船に乗りなさい」と言った。

　クワジェレン島に着いたとき、私たちはすぐに基地内で数時間シャワーを浴びせられた。数日後、医療チームがアメリカ本国からやってきた。彼らは今も私たちを診察している。

　クワジェレン島に着いて3日後、私たちは体全体に火傷ができていて、髪の毛が抜ける者が現われるようになった。実際、何人かは、禿げ頭になった。私たちはAEC（アメリカ原子力委員会、後のアメリカエネルギー省：DOE）の医師に何が起きているのかわかるように助けを求めたが、彼らは何もいわなかった。今日まで医師たちは、私たちの問題について何も語らない。

　私は甲状腺に異常はないが、甲状腺ホルモン剤は飲んでいる。心臓が弱く、ときどき、頭の左側や胸、腰がひどく痛む。子どもは5人。このうち、長女のジョニータと次女のビリアムは甲状腺の手術を受けた。

ジョニータ・ジョルジュ

「水爆ブラボー実験」時の年齢 3歳
被ばくした場所 ...... ロンゲラップ島
親族・続柄など ...... 保健師ジャブエ・ジョルジュの長女。
四男一女の母

パウダーのようなものが降ってきたことは覚えている。外で遊んでいたから。でも、何が起きたかはわからなかった。パウダーは手や足にたくさんついた。手の指の爪が黒くなった。そのときに皮膚がむけたと思う。いまでも、体のあちこちに皮膚がむけた跡が白く残っている。

1957年にロンゲラップ島に戻ったが、翌年の1958年までの間、ロンゲラップ島とイバイ島を行ったり来たりしていた。1969年にハワイに住んだが、1970年にはロンゲラップ島に帰り、1978年以降はイバイ島に住んでいる。

ロンゲラップ島に住んでいたときは、度々身体の具合が悪くなった。体全体が痛くなったり痒くなったりした。

ボストンの病院で甲状腺手術を受けた。以後は甲状腺の薬を飲んでいる。毎日飲まないと体の調子が悪くなり、目がよく見えなくなる。

流産を2回経験した。その後、5人の子ども（息子4人と娘1人）を生みましたが、みな健康に問題はない。男の子のうち3人は、いまロンゲラップ島にいる。

アルミラ・マタヨシ

「水爆ブラボー実験」時の年齢 …… 19歳
被ばくした場所 …… ロンゲラップ島
親族・続柄、家族の被ばく状況など …… アインリ・ハインリッヒとティラの長女。エトリ・アインリとアルコ・ボボの姉。アレット・ビリエットと胎内被ばく者ロバートの実母

　あの日の朝はまだ寝ていた。起きて外へ出ると、西に太陽のようなものが昇っていった。その後、光と爆風が一緒にやって来て、昼ごろ、白い粉が降ってきた。

　クワジェレン島に連れて来られたときは、本当に泣いた。船の上で除染された後、私たちはアメリカ海軍の男たちが着ていた男物の下着を与えられた。その下着は体を覆うには小さく、ホースで水をかけられて濡れた後なので、完全に透けて裸でいるようだった。ホースの水はとても強かった。

　その姿を、アメリカ海軍の通訳の補佐役をやっていたビリエット・エドモンドが見ていた（ビリエットはシャワーの使い方を通訳し、教えたと語っている）。それは、私たちの習慣が不当に侵害されたことを意味している。というのは、ビリエットは多くの女性と親戚関係にあり、妻以外の女性の裸を見ることは禁じられていたからである。私たちの慣習が引き裂かれたようだった。

　避難させられた後、クワジェレン島やマジュロ島の病院などで、裸で写真を撮られた。彼ら（DOE：アメリカエネルギー省の医者など）はすべての衣服を脱いで、カメラの前に裸で立つように言った。私はビクビクしていたが、脱ぐように言われた。私は抵抗し、下着は脱ごうとしなかったが、それでも脱ぐように言われた。他に選択肢はなかった。私たちは言われた通りになって、男も女も一列に並んだ。このことは、私にとってとても大きな屈辱だった。

　エジット島（マジュロ環礁内）にいる間は、ずっと学校はなかった。学校で知識を得ることができず、ロンゲラップ島でやっていた「アミモノ（タコノキの葉などで編んだゴザや籠など）」をどのように編むのか、両親や祖父母から学ぶこともできなかった。

　水爆実験の後、私たちは避難させられるとき、「何も、どんな財産も持ち出すことはできない」と言われた。だから私はすべてのものを残してきた。私がロンゲラップ島の一部の土地の所有者であることを示す祖父母の署名がある「約束の書状」も残してきた。ロンゲラップ島に戻ったとき、すべてのものがなくなっていた。その書状がなくなったので裁判所に行くこともできず、土地を持っていることを証明することもできない。

　ロンゲラップ島に帰ったとき、本当に何もかもがなくなっていた。書状、衣服、絵画、カヌーもなくなっていた。なくなった道具のなかには母親（ティラ）から引き継いだ「アミモノ」の道具が含まれていました。私たちは、その道具をどのようにつくるかを知らない。また、10人が乗って航海ができるカヌーをどのように作るも知らない。私たちはかつて長距離航海ができる5隻のカヌーを持っていたが、戻ったときにはすべてがなくなっていた。

　私は爆弾が落ちたとき（実験時）、妊娠していた。そのほかの妊産婦と老人たちと共に飛行機でロンゲラップ島を去った。そして、エジット島にいる間、ロバートを生んだ（1954年9月、後にビリエット・エドモンドの養子となる）。ロバートの後に子どもを授かったが、ブドウのような子どもだった。そのとき、大量の出血をしたので死ぬのではないかと思った。アメリカの医者たちは、私をクワジェレン島に緊急避難させた。その後、私は正気ではなくなった。3番目の子どもを授かったが、骨や皮膚はまったくなかった。母は「悪いことの印だ」と言った。私の人生のなかで最悪で、そのようなことを2度も経験したことは私を苦しめた。

　生まれたときにきちんと人間の形をしていない子どもがたくさんいた。そのような子ども―マイク、ジュリア、キーモ、ハリー―などはとても小さく、短い命だった。子どもたちは、爆弾のために生きることができなかったのだ。

爆弾の前には知恵遅れや背が低い子どもは見られなかった。私たちは、DOEに子どもたちのケアを望む。DOEは「放射線によって多くの問題が起きている」と言っているが、何もしてくれない。

　ほかのマーシャル諸島の人々は、汚染されている私たちのことを恐れて、握手をすることを望まない。また、「彼らはブドウのような子どもを生む」というようなこと言われ、恥ずかし思いをさせられたことが度々あった。

　爆弾の後、私たちは合唱することができた。誰の声も低いベースで、ソプラノの声を出せる者はいない。ほかのマーシャル諸島の人々は、私たちが歌うと、「近づくと甲状腺の病気になる」、「甲状腺の問題を持つことになる」などとからかうのだ。

　沖縄の人と結婚しているが、夫はいま、クワジェレン島で働いている。沖縄、広島、長崎に行ったことがある。

　私は視力が落ちて、縫物がまったくできない。甲状腺に問題はない。

アレット・ビリエット

「水爆ブラボー実験」時の年齢 …… 1歳5か月
被ばくした場所 …… ロンゲラップ島
親族・続柄など …… アルミラ・マタヨシの子どもで、ビリエット・エドモンドの養子。四男三女の父

健康に問題はなく、甲状腺の手術も受けてはいないが、甲状腺ホルモン剤は飲んでいる。

子どもは、息子が4人と娘が3人の7人だ。女の子どもが一人、目が良く見えないというのでDOE（アメリカエネルギー省）の医者に診てもらった。「目に虫が入ったからだ」と言われた。それが本当かどうか心配している。

※アレット・ビリエットは、1963年に身長が伸びないことから、被ばくしたロンゲラップ島住民の間で最初に甲状腺異常が見つけられた1人となった。以後、毎年のDOEによる健康診断のときに身長を測られ、写真を撮られる、このため写真に撮られることが嫌いになったという。写真に撮られることはいまも嫌いかと聞くと、「気にしていない」と言った。

エトリ・アインリ

「水爆ブラボー実験」時の年齢 …… 16歳
被ばくした場所 …… ロンゲラップ島
親族・続柄など …… アインリ・ハインリッヒとティラの次女。アルコ・ボボの姉。
七男四女の母

学校へ行って生徒の食事をつくっていたとき、西から太陽みたいなものが上がった。ほかの者たちと、「ああ、太陽が西から昇った」と言い合った。そのうち、光がロンゲラップ島の方に向かってどんどん広がってきた。何がなんだかわからなかったが、不思議なことでびっくりした。その後、西から強い風が吹いてきた。爆風かどうかはわからなかったが、その風はすぐに止んだ。

飛行機が島の上を飛んでいて、その跡が空にはっきりと残った。昼ごろ、灰が降り落ちてきた。その灰は、太陽が隠れるくらい、たくさん降った。

翌日、クワジェレン島から水上飛行機が飛んできて、箱のような物を持った男が島に上陸し、何かを調べると、すぐに帰った。

その次の日、飛行機と船がやって来て、みんな島を出された。小さい子どもたちは泣き叫んでいて、「島を出るのがもう少し遅れたら、みんな死んでいたかもしれない」と言われた。私は吐いて、お腹の調子が悪かった。

1957年にロンゲラップ島に戻った後、イバイ島に移った。甲状腺に異常はないのにDOE（アメリカエネルギー省）の医者は「薬を飲みなさい」と言っている。私は薬を飲むのが嫌いなので飲んでいない。ロンゲラップの弁護士に聞いたら、「甲状腺の手術をしていなければ飲む必要はない」と言った。頭の中に何かができているようで頭痛がひどく、身体の調子も良くない。目が悪くなったのか、よく見えない。

死産を1回経験している。ロンゲラップ島に戻って最初に生んだ子どもで、男の子だった。その後に生まれた長女は、中学校を卒業してから病気がちになり、腰の具合が突然悪くなって動けなくなって、長い間入院していた。その子は、いまは結婚している。子どもは全部で11人（息子が7人と娘が4人）いる。

アインリ・ハインリッヒ

「水爆ブラボー実験」時の年齢 …… 38歳
被ばくした場所 …… ロンゲラップ島
親族・続柄など …… アルミラ・マタヨシとエトリ・アインリ、アルコ・ボボの父

　朝早く起きて、妻のティラがゴザを編むために使うタコノキの葉を柔らかくするためにたたいていたとき、4時ごろだったと思うが、光を見た。光を見る前に何かを裂くような音が聞こえた。光は黄色くなったり、青くなったりした。隣の家のビリエットがパンケーキをつくっていたので、何が起きたのかと聞いた。ビリエットは、「実験をするという話を聞いたことがあるので、それが行われたようだ」と言った。

　6時ごろ、爆弾が爆発するような音が聞こえ、同時に風が吹いてきた。音は、最初は小さく、2回目か3回目で大きくなって、そのとき強い風が吹き抜けた。何が起きているかを見ようと浜に行って立っていたとき、強い風に倒された。起き上がって家に戻ると、妻のティラをはじめ、皆が起き出していた。

　その後、投網で魚を取り始めた。袋の半分ほどに魚が取れたので、やめて家に帰った。12時前で、まだパウダーが降り出してはいなかった。パウダーが降り出したとき、何が降っているのかがわからず、とても驚いた。その後、身体が痒くなり、吐いた。みんな同じ症状だった。

　1957年にロンゲラップ島に戻ったが、1959年にイバイ島に移った。その後はときどき、ロンゲラップ島を訪れている。ロンゲラップ島にいると体全体が痒くなり、コーヒーカップが持てないくらい痛みが起きた。また、足が火傷をしたように赤くなった。体の調子を考えると、ロンゲラップ島よりもイバイ島のほうが良い。

アルコ・ボボ

「水爆ブラボー実験」時の年齢 3歳
被ばくした場所 ...... ロンゲラップ島
親族・続柄など ...... アインリ・ハインリッヒとティラの三女。五男三女の母

　私はロンゲラップ島で祖父母（祖父カネネは、1961年に78歳で死亡したが、死因は不明／祖母ベキレは83歳で死亡したがその年月日と死因は不明）と暮らしていた。あの朝、祖母が起こしてくれ、光を見た。西から太陽みたいなものが上がっていた。その後に大きな音を聞き、強い風が吹いて、台所と屋根のブリキが飛んで私たちを怖がらせた。鶏も飛ばされ、ヤシの木は倒れそうに折れ曲がっていた。何が起きたのかわからなかった。

　突然、雲が私たちを取り囲んだ。空の大部分は見慣れない色で、とても恐ろしかった。雲の色は明るい白から深紅になり、その両方が混じり合って黄色のようになった。

　昼ごろ、粉が降り落ちてきて、食べていた「ユ」（ヤシの実の汁にアロールートを混ぜた重湯のようなもので、マーシャル諸島の人々の伝統的な食べ物のひとつ）や干していた魚に降りかかった。「ユ」はそのまま食べ、魚は水で洗って食べた。髪の毛にも降り落ちていることに気づいたが、臭いはなく、手にのせて口に含んだけれど、何の味もしなかった。

　その日だったか、次の日だったか、頭が痛くなり、気持ちが悪くなって吐いた。目に何かが入っているような感じもした。

　クワジェレン島に着いてから腕に火傷のようなものができ、髪の毛が抜けた。

　1957年にロンゲラップ島に戻って「ユ」を食べたら、口の中が腫れた。

　その後、しばらく過ぎてからイバイ島に出た。体の調子はロンゲラップ島にいるときに比べて良くなったが、目が悪くなり、字もはっきりと見えなくなった。DOE（アメリカエネルギー省）の医者に診てもらったが、医者は何もいわず、歳をとったからだと言った。でも私は、子どものころに粉を浴びたからだと思っている。

　ハワイに行ったとき、医者に「粉をかぶったから目が悪くなった」と言い、「目の中のポイズンをとる薬はないか」と聞いたことがある。医者は何も言わなかった。

　DOEの医者は喉に腫れものができているといっているが、甲状腺の手術は受けてはいない。でも甲状腺の薬は飲んでいる。

　死産や流産の経験はない。子どもは8人（息子が5人と娘が3人）で、一番上の男の子は生まれつき心臓が悪いと言われている。

ボアス・チェーラン

「水爆ブラボー実験」時の年齢 …… 30歳
被ばくした場所 …… ロンゲラップ島
親族・続柄など …… エレン・ボアスの夫。ティーバス・チェーランの兄。
二男三女の父

寝ていたときに、目の中が光り、飛び起きた。外へ出ると、空全体が血の色みたいに真っ赤になって島全体を覆った。その光は、その後、徐々に西の方で小さくなった。それから5分後くらいだったか、あるいは30分くらい後だったか、雷のような大きな音がして地面が揺れた。西の方から強い風が吹いてきて、木が倒された。このとき、私も倒された。

やがて、糸のような雲みたいなものが西の空に向かって伸びていった。それは空に伸びると、先が大きく膨らんで、大きな雲のようになった。8時ごろになっても、その雲みたいなものは大きいままで、少しも動かなかった。

午後1時ごろだったと思うが、パウダーが降り落ちてきた。腕にかかったものをなめてみたが、苦い味がした。パウダーは体全体にかかった。

その夜、9時ごろ、腕が痒くてたまらなくなった。後で聞いたところでは、ある人は「火を起こして、その近くで皮膚を温めて痒さをとろうとした」と言ったが、私は何もしなかった。吐き気がして何も食べられなかった。次の日も吐き気が続いて食べる気がしなかった。子どもたち（二男三女。三女のスーザンは1954年10月に生まれた）も食べることができなかった。だから、子どもはみな死ぬのではないかと思った。

アメリカの船が来て乗せられたが、着物も鞄もすべて捨てさせられた。船に乗ると、ホースで水を浴びせられた。

クワジェレン島でも毎日、水浴びをさせられた。薬は何もくれなかったが、食べ物だけはくれた。豚肉、牛乳、パンとリンゴをくれた。クワジェレン島に着いて2週間後、髪の毛が抜け始め、皮膚に腫物ができた。そのころに薬をくれた。注射もされた。

妻のエレンとの間に全部で7人の子どもができたが、2人は生後すぐに亡くなった。どちらも男の子で、1人は背が低く、まるで犬のようだった。もう1人は正常だったが死んでしまった。

私は「心臓が悪い」と言われている。両足の関節がひどく痛む。食べた後に、ときどき嘔吐する。少し前、マジュロ島の病院に約1か月間、イバイ島の病院に約3か月間入院していた。両方の病院では薬はくれなかった。DOE（アメリカエネルギー省）の医者は糖尿病だといった。甲状腺の一部を手術しているので、薬を飲んでいる。

ロンゲラップ島は好きだ。でも最近は、ヤシガニはあまり食べられず、貝も少ない。きっとエサがなくなったからだと思う。ヤシやパンの木、タコノキの実もあまりたくさん取れない。これらの木は雨が長く降らないと、すぐに枯れて死んでしまう。1978年のDOEの科学者の調査（1982年11月にアメリカエネルギー省が発行した英語とマーシャル語の両方で併記した『1978年調査のマーシャル諸島北部環礁における放射線の意義』）では、ロンゲラップ環礁は他の環礁と違って島々の放射線のレベルは「2」か「3」、もしくは「4」と高い（残留放射線のレベルで、微量：1、少量：2、多量：3、大量：4と4段階の数字で表記）。子どもたちにも異常が多く見られている。ロンゲラップ環礁の島々には住みたいとは思わない。

エレン・ボアス

「水爆ブラボー実験」時の年齢 …… 24歳
被ばくした場所 …… ロンゲラップ島
親族・続柄、家族の被ばく状況など …… ボアス・チェーランの妻。
二男三女の母。うち4人が甲状腺の手術を受けた

朝、起きて外にいると、西の方に赤や黄色の混じった明るい光を見た。それから1時間後くらいに音を聞いた。その後、風が吹いてきて木が倒れそうになった。私も倒れそうになり、爆弾が爆発したと思った。

1時ごろから夜までパウダーが降った。島全体がかぶるほどで、パウダーは雨が降るように降った。パウダーは家の中にも入ってきた。その夜、みんな体が痒くなった。私も身体が痒くなり、顔や首に小さなデキモノができた。

甲状腺の手術は2回受けた。甲状腺の薬は飲んでいる。アメリカ人の医者が私の喉を切ったとき、何が起きているかがわからなくなった。手術後は歌えなくなった。もう一度歌いたかったのだが……。高い声が出せなくなって、かつてのように歌えなくなった。

また、頭の中に腫物ができているといわれ、ワシントンの病院で診察を受けた。でも、彼らが何をしたのか、頭の中に何を見たのかは知らない。

子どもはいま5人いる。エルミタ、エリオ、ハリーとニーナ（モナ、ジェトベル夫妻の養子になった）の4人が甲状腺の手術を受けている。

首に手術の跡が残っている

ハリー・ボアス

「水爆ブラボー実験」時の年齢 …… 7歳
被ばくした場所 …… ロンゲラップ島
親族・続柄など …… ボアス・チェーランとエレン・ボアスの長男。エリオ・ボアス兄。
五男四女の父

朝早く、光を見た。昼ごろ、外を歩いていると白い粉が落ちてきた。喜んで、みんなと白い粉を集め、砂遊びのようにして遊んだ。その日の夕方、寝る前に体全体が熱くなり、痒くなったことを覚えている。

アメリカ軍の船に乗せられたが、そこには船員がたくさんいて、ホースで水をかけられた。クワジェレン島では毎日医者が来て、何かの薬を飲まされ、「毎日水浴びをしなさい」と言われた。

1957年にロンゲラップ島に戻ったとき、ヤシの木の葉が黄色くなっているのが多く見られ、実も少なかった。環礁北部のチョグスと呼ぶ島に行ったとき、ヤシの木がパンノキの実の木のように枝が2本や3本に分かれていたのを見た。

1962年にマジュロ島の高校に入り、卒業後はロンゲラップ島に戻った。その後、またマジュロ島に戻った。1968年にイロシとアイゼン（ティマ・メリリンの次男）とアメリカで甲状腺手術を受けた。私はロンゲラップ島住民の中で最初に甲状腺の手術を受けた一人だ。以後、いまも甲状腺の薬を飲み続けている。毎日半分ずつ飲んでいるが、頭痛と肩こりがひどい。AEC（アメリカ原子力委員会、後のDOE）の医者は「頭に異常がある」と言っているが、どのようなものかは知らない。

1970年にウィニーと結婚し、子どもは9人（息子が5人と娘が4人）いるが、ルティという下の女の子は生まれつき心臓が悪い。妻のウィニーも結婚したときにロンゲラップ島に行っていたので、甲状腺の薬を飲んでいる。

エリオ・ボアス

「水爆ブラボー実験」時の年齢 …… 5歳
被ばくした場所 …… ロンゲラップ島
親族・続柄など …… ボアス・チェーランとエレン・ボアスの次男。ハリー・ボアスの弟。一男五女の父

大きな音を聞き、光を見た。光は赤色が多く混ざった虹のような色だった。

昼ごろ、マーシャルの食べ物でココナツミルクを入れたライスを食べているとき、フォールアウトが降り始めた。次の日の朝に吐いたことを覚えている。

島を出るとき、ホースでシャワーを浴びせられ、服を着替えさせられた。

1957年にロンゲラップ島に戻ったが、1967年にイバイ島に出て、その後マジュロ島に行った。ハワイの高校を卒業後、イバイ島に戻った。以来、クワジェレン島の基地でリクリエーション施設のメンテナンスの仕事をしている。

亡くなったレコジ（ジョン・アンジャインの四男。1972年に急性骨髄性白血病で亡くなる）と共にボストンで甲状腺の手術を受け、以来、甲状腺の薬を飲み続けている。

1970年に結婚し、子どもは6人いるが、（息子が1人と娘が5人）。娘が1人、生まれつき腎臓が悪く、高血圧だと言われている。

1972年に大きな集まりがあってロンゲラップ島に行ったが、昔と大きく変わっているとは思わなかった。ただ、放射性物質があるので安全ではないと言われており、故郷の島だけれど住みたいとは思わない。

エルミタ・アンタク

「水爆ブラボー実験」時の年齢 …… 3歳
被ばくした場所 …… ロンゲラップ島
親族・続柄など …… ボアス・チェーランとエレン・ボアスの長女。
三男二女の母

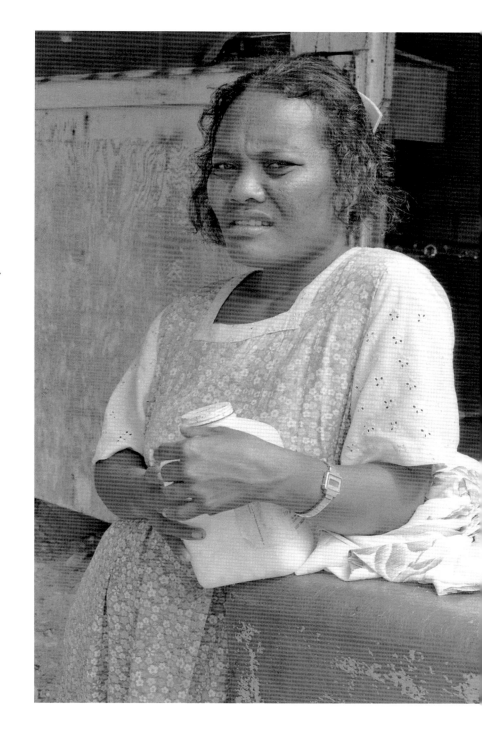

　実験のときは、大きな音が聞こえた。その後、明るい光が光って、地面が動いた。空が真っ赤になっているのが見えた。

　5時間くらいが過ぎてからパウダーのようなものが降り始めた。体にかかり、私もほかの子どもも髪の毛が抜けた。パウダーが入った水は、色が変わった。その夜、皮膚が痒くなり、私は何も食べられなくなった。ほかの子どもたちも食べられなくなったと聞いた。

　船と飛行機がやって来た。妊娠した女性たちが飛行機でロンゲラップ島を離れた。私やほかの者は船で島を離れた。船に乗ったとき、服を着たままホースで水をかけられた。その後、子どもたちはみんなクワジェレン島に着くまで裸だった。

　結婚後、流産を3回経験した。子どもは5人（男が3人と女が2人）いる。このうち、男の子が1人と女の子の1人が体の調子が悪いようで、身長も伸びていない。DOE（アメリカエネルギー省）の医者に診てもらったが、何も言われなかった。

　甲状腺の手術は2回、グアム島の海軍病院で受けた。1日に1回、甲状腺の薬とビタミンDとカルシウムの薬を飲んでいる。ときどき、お腹がとても痛くなることがあり、DOEの医者に言ったら、「食べ過ぎのせいだ」と言われた。いつも少ししか食べられないのに……。

ティーバス・チェーラン

「水爆ブラボー実験」時の年齢 …… 25歳
被ばくした場所 …… ロンゲラップ島
親族・続柄など …… ボアス・チェーランの弟

　1984年から、ここマジュロ島の病院に入院している。これまで、何度も入院と退院を繰り返している。腕と足が痛く、高血圧といわれている。薬を飲むと痛みがなくなり、体の調子は良くなる。

　退院してロンゲラップ島に戻るときはDOE（アメリカエネルギー省）の医者がくれる薬を飲む。ロンゲラップ島では、理由はわからないが、ときどきかわった魚が取れた。その魚を食べると、体中が痒くなることがあった。

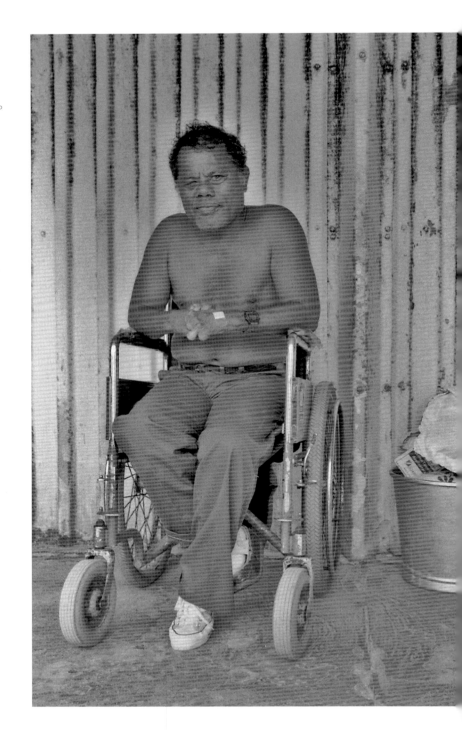

ティマ・メリリン

「水爆ブラボー実験」時の年齢 …… 38歳
被ばくした場所 …… ロンゲラップ島
親族・続柄など …… ミューゼの夫。アイゼン・ティマ、ディーゼ・ラングルスの父

朝の5時半ごろ、「空が明るく真っ赤になっている」と奥さんのミューゼが言った。奥さんと娘のディーゼ（次女、当時4歳）と3人で浜へ出て、明るい光を見た。丸い、明るい光が西のビキニ環礁の方向に見えた。その後、東の方から大きな音が聞こえた。それから30分くらい後、大きな風が吹いてきた。娘のディーゼが倒されそうになったので胸で受けとめたが、次男のアイゼン（当時1歳）は倒された。

午後2時ごろ、灰がどんどん降ってきた。小さい石や草がその灰をかぶって真っ白になった。何が起きたかわからず、みんなびっくりしていた。体全体が白くなった。島全体が煙に囲まれたようになって、いつも見えるエニアエトク島（ロンゲラップ島の北約15キロメートル）も見えなくなった。アイゼンが好きなジャカルー（ヤシの実の樹液を集めた無色透明な飲み物）の色が赤くなった。灰がかぶったパンノキの実とごはん、魚を食べた。後で、クワジェレン島から来た兵隊が、「食べてはいけない」といったが、すでに食べていたんだ。

その夜、大人は大丈夫だったが、子どもたちはみな気持ちが悪いといって泣き出し、眠れなくなった。子どもたちは元気がなくなり、死ぬかと思った。

次の日、子どもたちの枕元に髪の毛がいっぱい落ちていた。何が起きたかがわからなかったので、とても心配した。

島を出るときは戦艦がやって来た。「パールハーバーから2昼夜で来た」と言った。クワジェレン島では食べ物はなんでもくれた。いつも映画を見たよ。

1957年に村長のジョンとビリエット、イロシ、通訳のウィリアム・アレン、ウトリック島のレーベン、レックスと共にアメリカに行き、シカゴの研究所（アルゴンヌ国立研究所）で検査を受けた。2週間くらい滞在して、冷蔵庫のような大きな箱（ホール・ボディ・カウンター）に1人50分くらい入っていた。何かの検査だと言っていたが、わからなかった。

身体は元気だ。おじいさんになっているから少し弱くなっているけど……。甲状腺の手術はしていないので、薬は飲んでいない。

アイゼン・ティマ

「水爆ブラボー実験」時の年齢 ⋯⋯ 1歳
被ばくした場所 ⋯⋯ ロンゲラップ島
親族・続柄など ⋯⋯ ティマ・メリリンとミューゼの次男。
子どもは娘が2人（1人は養子）

　当時のことは何も覚えていない。
　1969年にマジュロ島の高校に入学した。マジュロ島の高校時代には、ビキニ環礁とエニウェトク環礁の核実験の話しばかりを聞いた。自分の故郷のロンゲラップ島のことは教えられず、なぜクワジェレン島に来たのか、どうして毎年アメリカの医師団の検診を受けるのか不思議に思っていた。
　1971年にハワイの高校に行き、NABAカレッジに入学した。1980年にマジュロ島に戻って教師になり、1982年からロンゲラップ島で教師をしている。
　その間、1968年にエリオ・ボアスらとともに甲状腺の手術を受けた。それ以降、甲状腺の薬を飲み続けている。健康に問題はない。DOE（アメリカエネルギー省）の医者も「問題はない」と言っている。DOEの検診では、ときどき「良好」と言われ、また別なときは「病気がある」と言われる。だから、自分が本当はどのような健康状態にあるかがわからない。
　子どもは女の子が2人いる。1人は実子で、もう1人は養子だ。子どもができないことを心配しているが、DOEの医者は「問題ない」と言っている。
　ロンゲラップ島の小・中学校の生徒は全部で72人いる。1年生から3年生まではリミヨ・アボンさんが教え、4年生から6年生はエモシ・チレスさん（ブラボー実験時はマジュロ島に滞在していた）が教え、私は7年生と8年生を教えている。
　この前、授業でロンゲラップ島住民の移住について、生徒たちが反対派と賛成派に分かれてディベートを行った。反対派は、「ロンゲラップ島は神が与えてくれた島であるので移住は反対」と主張した。一方賛成派は、「ポイズンがあるのだから神が与えてくれた島でも移住しなければならない」と主張した。5年生以上の生徒は誰も、なぜ移住するのかについての理由を知っている。
　ロンゲラップ島の子どもたちがマジュロ島に行くと、「ポイズン（放射能）がきた、うつる」などといわれる。また、コーラの飲み残しやお菓子の残りを渡そうとすると、「ポイズンがうつる」と言われて受け取ることを拒否されることもある。
　ハワイにいたとき、アメリカ人はロンゲラップ島住民のことについてほとんど知らないことがわかった。滞在していた地区のダンスパーティーに参加したとき、ハワイの先住民の人から、「アメリカはロンゲラップ島についてはまったく関心がない」と聞かされた。別のアメリカ人からは「アメリカはなぜ爆弾実験でマーシャル諸島の島々を消滅させなかったのか」と言われたことがある。
　ロンゲラップ島の放射性物質は取り除くことはできないと思う。

ディーゼ・ラングルス

「水爆ブラボー実験」時の年齢 4歳
被ばくした場所 ...... ロンゲラップ島
親族・続柄など ...... ティマ・メリリンとミューゼの次女。
一男四女の母

　大きな音を聞き、明るい光を見たこと以外は何も覚えていない。

　父親のティマが魚を取りに出かけ、帰ってきたので母親（ミューゼ）と一緒に浜にいたときに何かが目に入ったことを覚えている、でも、それが灰だったかどうかは知らない。

　クワジェレン島で毎日泳がされたことはよく覚えている。

　グアム島のアメリカ海軍病院で甲状腺の手術を受け、その後、薬を飲んでいる。いつも体に痛みを感じ、ときどき、体全体が痒くなる。

　死産や流産は経験していない。子どもは5人（息子が1人と娘が4人）で、みんな健康に問題はない。

セーラ・ネプタリ

「水爆ブラボー実験」時の年齢 …… 44歳
被ばくした場所 …… ロンゲラップ島
親族・続柄など …… 1974年7月に亡くなったネプタリ・オエミの妻。
リミヨ・アボン、ロッコ・ランギンベリックの母

　目が覚めて外にいたとき、真っ赤な光を見た。爆弾について聞いたことがあったが、とても驚いた。音も聞こえた。強い風が吹いてきて、ヤシの木が倒れそうになった。私も倒れそうになった。家も揺れたけれど、飛ばされたものは何もなく、風が収まった後、家に入った。

　午後2時ごろ、パウダーが落ちてきた。身体にかかり、皮膚につくと痒くなった。後で、赤い腫物ができた。

　夜になると、体全体が痒くなって眠れなかった。目が痛くなった。子どもたちも同じだった。次女のロッコは水を飲みたがったので、飲ませた。救出のとき、最初に飛行機が来て、何人かの歳を取った者を連れて行った。他の者は船に乗せられた。船に乗ると、服を着たままホースで水を浴びせられたが、薬は何もくれなかった。

　子どもは6人（息子が2人と娘が4人）できたが、ひとりは実験前に亡くなった。実験後に死んだ子どもの一人はお腹の病気だった。

　※夫ネプタリ・オエミは、1974年7月31日、ロンゲラップ島の自宅で亡くなった。81歳。死因は胃ガンとされ、ロンゲラップ島の墓地に埋葬された。

リミヨ・アボン

「水爆ブラボー実験」時の年齢 …… 13歳
被ばくした場所 …… ロンゲラップ島
親族・続柄など …… セーラ・ネプタリの長女。ロッコ・ランギンベリックの姉。一男六女の母

朝6時ごろ、明るい光を見た。音を聞いたかどうかははっきり覚えていない。その後、強い風が吹いてきて、人間が倒れそうになった。

昼ごろ、妹のロッコのほか、キヨサン、シマコ、アルコ、イロシを連れてジャボワン（ロンゲラップ島の北西部）にヤシの実などを取りに出かけたとき、パウダーが降り始めた。パウダーは頭や腕、体全体に降りかかった。それで目に入って前が見えなくなった。ジャボワンに着いて、しばらくたって村へ帰ろうとしたら、パウダーで帰り道がわからなくなった。それで、ラグーン・サイドの浜に沿って村へ帰ることにした。帰る途中、ふり返ると、みんながパウダーの上を歩いた足跡がはっきり残っていた。パウダーの上を歩くと足が熱かった。

その夜、体全体が痒くなった。ほかに異常はなかった。クワジェレン島に連れて行かれた後、足の指にデキモノができた。

死産や流産の経験はない。子どもは7人（息子が1人と娘が6人）いる。子どもたちのうち、いまマジュロ島の高校に通っている娘のチローシは16歳だが、成長が止まっているように思う。

今年（1985年）4月のDOE（アメリカエネルギー省）の医者の検診で「甲状腺に異常がある」と言われた。以前から甲状腺の薬とビタミンDの薬を飲んでいる。ほかに体に異常はないが、いまでも、ジャボワンに行ったときに両足の指にできたデキモノの痕が残っている。また、両足の親指の爪が黒くなっている。多分、腐って死んでいるのだと思う。

ロッコ・ランギンベリック

「水爆ブラボー実験」時の年齢 …… 11歳
被ばくした場所 …… ロンゲラップ島
親族・続柄など …… セーラ・ネプタリの次女。リミヨ・アボンの妹

そのときは小学生で、4人の男の子と4人の女の子と共に、他の子どもたちのために朝食をつくっていた。朝食はパンキノの実とごはん、魚に紅茶だった。そのとき、突然、西の空が明るく光った。その光は黄色と赤が混じったような色だった。その後、たくさんの雷が一度に鳴ったような大きな音を聞いた。少したって強い風が吹きつけ、私たちみんなは驚いて金切り声をあげた。

午後1時か2時ごろ、姉のリミヨなどとジャボワンに向かっているとき、何かが空から降ってきて、首や顔、足が痒くなった。

次の日は、1日中何も食べたくなかったが、少しだけ食べた。腕と首の皮膚が火傷のように赤くなった。その次の日に、救出のための船と飛行機がやって来たことを覚えている。

1974年か1975年に甲状腺の手術を受けた。その後、甲状腺の薬を飲んでいる。

毎日、甲状腺の薬を飲むことは私にとって最悪なことの1つである。「1日でも飲むこと忘れると命を縮めることにつながる」からと彼ら（DOEの医者）が言っているからだ。薬を飲むことを忘れ、命を縮めたくない。

私の子どもたちは医療介護が必要である。私が死んだら、誰が彼らの世話をするの。

カッチム・ジャヌワリ

「水爆ブラボー実験」時の年齢 …… 31歳
被ばくした場所 …… アイリングナエ環礁シフォ島
親族・続柄など …… ジャルカン・アンジャインの妻。四男二女の母親

　私たちはアイリングナエ環礁のすべての島を使って生活していた。アイリングナエ環礁には爆弾が落ちる前に3回行った。4回目に行ったとき、爆弾が落ちた。爆弾が落ちた日の朝早く、明るい光を見ました。その後、大きな音が聞こえ、爆風が吹いてきた。爆風は島が動くほど強かった。最初の音が聞こえた後、ポン、ポン、ポンという音が聞こえました。

　11時から12時の間にパウダーが降り落ちてきた。男たちが「魚取りに出かける」と言ったので、見送りに行ったが、パウダーが目に入って何も見えなくなった。夫のジャヌワリは「飛行機が飛んでいった。飛行機がパウダーをまいたのだろう」と言った。

　実験とは思っていなかった。実験なら以前のようにラエ島に移されたからである。

　子どもたちと一緒に、地面を掘ってオーブンの準備をし、海鳥の毛を取り始めていた。そのとき、大きな船がやって来るのが見え、なぜ大きな船が来るのか不思議に思っていた。パウダーが降ったにもかかわらず、私たちは食べることも飲むことも止めなかった。食べ物にかかっているパウダーを吹き飛ばして食べたため、みんな病気になった。吐き気をもよおしたのでチアップ（ヤシの実から出ている木の若芽？）をそのまま食べたが、さらに吐き気がした。

　船の上で私たちはシャワーを浴び、船員の下着を着て、彼らのズボンをはいた。

　クワジェレン島に着くと、子どもたちの髪の毛が抜け落ちた。あのとき、魚取りをしていた男たちは「皮膚が痒い」と言い、指の爪は黒ずんでいた。

　1958年、ロンゲラップ島に帰った後、夫のジャルカン・アンジャインが亡くなった。クワジェレン島の病院で手術を受けた後、ロンゲラップ島に戻り、亡くなった。夫は、クワジェレン島に連れてこられたとき、足に黒い斑点のようなものがたくさんできていた。それが、亡くなった原因かどうかはわからないが……。

　子どもは息子が4人と娘が2人の6人である（四男のスティーブン・ジャヌワリは1954年3月当時、お腹の中にいた）。4人の息子のうち2人の身体の調子が良くなく、「頭痛がひどい」と言っている。

　甲状腺の手術は受けている。その後、甲状腺の薬と心臓の薬を毎日飲んでいる。いまは足と腰に痛みを感じ、お腹もときどき痛くなり、身体の具合はよくない。

　夫が亡くなってからイバイ島に住んでいる。ときどきロンゲラップ島に行くが、イバイ島いるときのほうが体の調子が良い。ロンゲラップ島にいると、両肩がとても痛くなって、仕事ができなくなる。

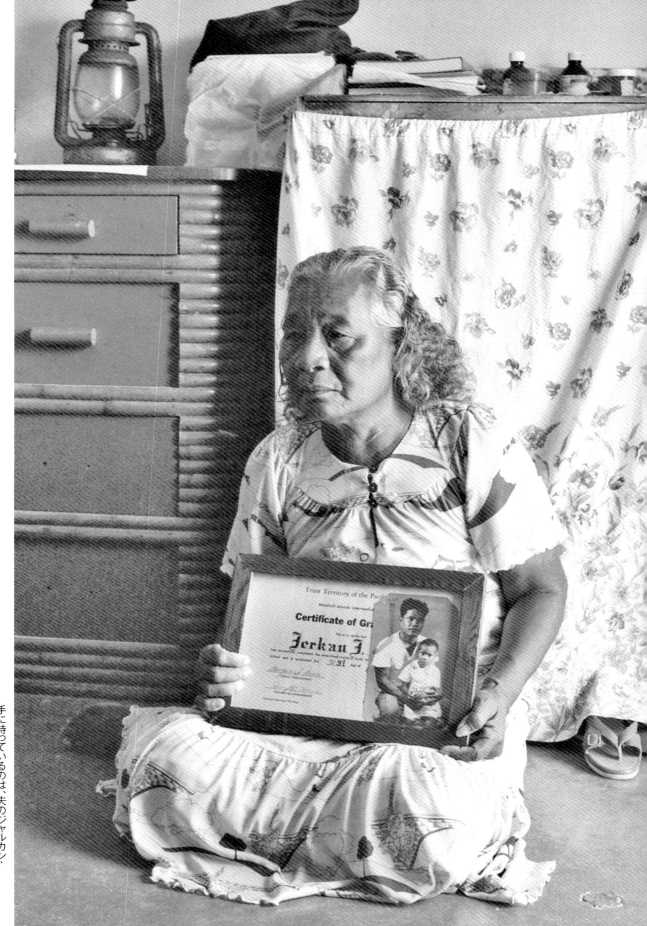

手に持っているのは、夫のジャルカン・アンジャインが1955年にロンゲラップ島の村長になったときの証明書

ジャルカン・ジャヌワリ

「水爆ブラボー実験」時の年齢 …… 12歳
被ばくした場所 …… ロンゲラップ島
親族・続柄など …… カッチム・ジャヌワリの長男。
三男三女の父

　あの朝は寝ていたが、雷のような大きな音で飛び起きた。光は覚えていない。
　学校に行って授業が終わるころ、パウダーのようなものが降り落ちてきた。外へ出て、ほかの子どもたちとパウダーのようなものを集めて遊んだ。何が起きたのはわからなかった。ちょうど乾期で、体についたパウダーのようなものを井戸水で洗い流した。体中が痒くなったからだ。夕方、何も食べる気がしなかった。それでも食べたら、吐いた。
　3日目の朝、全身が痒く、頭が割れるように痛かった。ひどい二日酔いのようだった。
　船が来て、それに乗ると、ホースでシャワーを浴びせられ、その後、海軍の服に着替えさせられた。
　もともとロンゲラップ島にはヤシの実、タコノキの実、パンノキの実などたくさんの食料があった環礁だった。しかし、1957年にロンゲラップ島に帰ったとき、それがまったくなかった。私たちはみなアロールート（クズウコン）を食べた。その結果、口の中に水膨れができた。でも食べなければならないので、食べた。DOE（アメリカエネルギー省）の医者は「ヤシガニは食べてはいけない」と言ったが、私たちは食べた。
　翌年の1958年にイバイ島に出て、その後、マジュロ島の高校に入学した。卒業後にまたイバイ島に来た。ヘルス・エイド（保健師）になって今年（1985年）で11年目になる。
　ロンゲラップ島には何度も行っている。でも、ロンゲラップ島にいると体の調子が悪くなるんだ、島を離れると調子が良くなるのは事実だ。とくにロンゲラップ島で取れる食べ物を食べると病気がちになり、身体が弱った。多分、放射性物質があるからと思う。
　1981年に3か月間、ロンゲラップ島に保健師として滞在した。その間、4〜5人くらい障がいがある子どもを見た。また。7〜8歳くらいで、身長が2フィート（約70センチ）くらいしかなく、話すことができない子どもが3人いた。ロンゲラップ島は、マーシャル諸島の他の島に比べて死産が多く見られた。保健師はDOEの医者の検診を手伝うことはない。彼らは、住民の血を採るが治療はしないからだ。
　私自身は、全身がしびれ、痛みを感ずることがよくある。甲状腺の手術はしていないが、甲状腺ホルモン剤は飲んでいる。
　子どもは6人（息子が3人と娘が3人）で健康に問題はない。子どもが学校に通っているのでイバイ島にいるが、食料を得ることにも苦労していて、授業料を払うお金を得ることも大変である。

カバーン・アンジャイン

「水爆ブラボー実験」時の年齢 …… 3歳
被ばくした場所 …… アイリングナエ環礁シフォ島
親族・続柄など …… カッチム・ジャヌワリの次男。四男三女の父

「水爆ブラボー実験」当時のことは覚えていないが、父のジャルカン・アンジャインと母親のカッチムから、明るい真っ赤な光を見たこと、大きな雲が立ち上ったこと、パウダーのようなものが降り落ちて青くなった水を飲んだこと、そして、船に乗せられてクワジェレン島に行ったことなどを聞いた。

子どものころ、AEC(アメリカ原子力委員会、後のDOE)が度々やってきて、定期検診のために私を学校から連れ出した。ロンゲラップ島の学校を卒業してからマジュロ島のキリスト教系の高校に進学したが、AECはそこにもやってきて検診のために私を教室から連れ出した。私は多くの生徒たちの物笑いのタネになり、「お前から放射線をうつされたくないので、ここから出た方がいい」と言われた。そのように言う者とは、絶対に混じり合うことはなかった。彼らは、私に起きることも、AECが私を検査するために学校で探すことを知っていた。このようなことが起きたので、私は学校での友人を失った。

甲状腺に異常があるかどうかはわからない。手術も受けていない。でも、甲状腺の薬は飲んでいる。AECの医者は「健康に問題はない」と言っているが、腰の骨が痛み、頭痛がひどい。

結婚して子どもは、息子が4人と娘が3人の7人いる。

カバーン・アンジャインは、後に甲状腺手術を受けた。手に持っている甲状腺の薬を生涯飲み続ける必要がある(1991年7月撮影)

ボルカイン・アンジャイン

「水爆ブラボー実験」時の年齢 …… 1歳
被ばくした場所 …… アイリングナエ環礁シフォ島
親族・続柄など …… カッチム・ジャヌワリの三男。
カバーン・アンジャインの弟、スティーブン・ジャヌワリの兄

　「水爆ブラボー実験」当時のことは何も覚えていないが、アメリカ兵に抱きかかえられたことを覚えている。アイリングナエ環礁の島を出るときのことだったと思う。
　甲状腺に異常はない。でも、甲状腺の薬は飲んでいる。特に体に異常はないが、ときどき、背中がひどく痛むことがある。
　子どもは息子が1人と娘が3人の4人。長男のキャロル（11歳）は早産で、アビア・アンジャインの養子に出している。「生まれたときから心臓に穴があいている」と言われ、小児麻痺のため歩くことができず、寝たままである。
　ロンゲラップ島にいると、マジュロ島やイバイ島にいるときに比べて体の具合が悪い。DOE（アメリカエネルギー省）の科学者は「ロンゲラップ島に放射性物質は残っていない」と言うけれど、私はそう思わない。ロンゲラップ島では、もうヤシの実はたくさん実らないからだ。

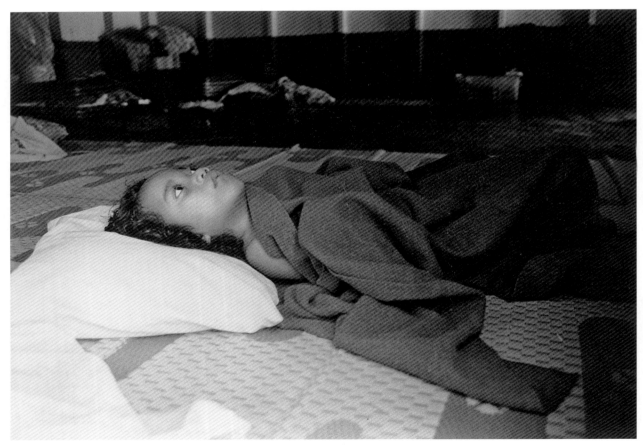

早産で生まれたキャロルは、生まれたときから心臓に異常があり、寝たきりの生活を送っていたが、1986年に死去している（1982年10月撮影）

アビア・アンジャイン

「水爆ブラボー実験」時の年齢 …… 52歳
被ばくした場所 …… アイリングナエ環礁シフォ島
親族・続柄など …… アモン・アンジャインとカッチム・ジャヌワリの母。

月よりも明るい光で島が照らされた後、大きな音を聞いた。島が割れるのではないかと思った。

白い粉が降り始めたとき、塩だと思った。

甲状腺の手術は受けていないが、甲状腺ホルモン剤は飲んでいる。

※1985年4月にロンゲラップ島で取材したときは、座ったり寝たりを繰り返していた。孫のカバーン・アンジャインの子どもたち、つまりアビアのひ孫によれば、2年前から耳が遠くなったが、大きな声で話すと聞こえるようだ。また、「1年ほど前から歩くことができなくなった」と言う。

スティーブン・ジャヌワリ

「水爆ブラボー実験」時の年齢 …… 胎内で被ばく
被ばくした場所 …… アイリングナエ環礁シフォ島
親族・続柄など …… カッチム・ジャヌワリの四男。1954年6月に避難先のクワジェレン島で生まれた。二男三女の父

　1957年にロンゲラップ島に帰郷した後、1981年にイバイ島に移った。1984年3月から、イバイ島地方評議会の警察官をしている。マーシャル諸島政府の警察官ではないが、給料は政府の警察官よりは良い。

　ロンゲラップ島にいたときは、体が痛かったり痒かったり、具合は良くなかった。イバイ島に来てから問題はないが、全体として体の調子は良くない。足や腕が痛むことがあり、食事もあまりたくさんは食べられない。甲状腺の手術は受けていないが、薬は飲んでいる。

　子どもは息子が2人と娘が3人の5人だ。次男のジェムは障がいはないが、生まれつき体が弱い。

ドロシィ・アモス

「水爆ブラボー実験」時の年齢 7歳
被ばくした場所 ...... アイリングナエ環礁シフォ島
親族・続柄など ...... アビア・アンジャインの長女

「水爆ブラボー実験」のとき、大きな音を聞き、明るい光を見た。爆発のときは島が揺れたように感じた。キノコ型の雲が立ち上っているのを見た。

その後、白いパウダーが降ってきて目に入った。両方の腕の皮膚が赤くなったことを覚えている。

島を出るときは何も持ち出せなかった。船に乗せられてホースで水を浴びせられた後、着ていた服を取られ、海軍の服に着替えさせられた。

船は速く、クワジェレン島には1日で着いた。私たちは埠頭に降ろされた。バスがやってきて、どこか知らない場所に運んで行かれた。クワジェレン島で私たちがいた場所は、ほかの者の侵入を防ぐためのフェンスで囲まれていた。フェンスの中に入ることができたのは警官と医者だけだった。

クワジェレン島に着くと、私の髪の毛が抜け落ち、本当におかしな姿になった。髪の毛は、火傷をした所から簡単に抜け、禿げ頭になった。頭に火をつけられて、調理をされたように感じた。火傷は両腕と喉、両足にできていた。腕と喉も火を付けられ、調理されたようだった。

クワジェレン島では血を採られ、いろいろなことを聞かれた。何を聞かれたかは覚えていない。毎日、ラグーンに連れて行かれて泳ぐように言われた。クワジェレン島の人は私たちに服をくれた。食事は1日に3回取った。良いもてなしを受けた。

1957年にロンゲラップ島に戻ったが、「アメリカの人は島をきれいにした」と言った。しかし、戻ってみると、以前とは多くのことが違っていた。ヤシガニは食べられなくなっていたし、魚を食べると口が火傷をしたように熱くなった。アロールート（クズウコン）も食べると口の中に水膨れができた。それでもタコノキの実は熟した部分だけをしゃぶることができた。頭が2つ、あるいは3つあるヤシの木を見た。そのヤシの実は、食べることができないものだった。私たちが育ち、知っていたころとは全く違っていることがわかった。アメリカ人は、私たちを助けるために食べ物をくれた。

1970年ごろからイバイ島に住んでいる。子どもは、息子が6人と娘が2人の8人で、死産や流産の経験はない。長女は歩くことが困難だったが、最近少し歩けるようになった。次女は「生まれつき背骨が曲がっている」と言われている。私は放射性物質の影響だと思っている。DOE（アメリカエネルギー省）の医者に診てもらったが、何も言わなかった。

ロンゲラップ島に帰ってから生まれた子どもの何人かに異常が見られた。手も足も短く、脳に何の覆いもない子どもやブドウのような子どももいた。

甲状腺手術を受けてはいないが、甲状腺ホルモン剤は飲んでいる。多くのロンゲラップの人の甲状腺に問題が起きている。ある者は2回、なかには3回も手術を受けている者もいる。彼らは甲状腺の薬を飲んでいる。1日1錠、1日も忘れてはならない。薬は、ずっと飲み続けなければならない。たった1日でも飲み忘れることはできないが、私はときどき忘れてしまう。飲み忘れると喉がとても痛む。食道の端から端まで痛み、頭や足、手がしびれることもある。

7 「水爆ブラボー実験」のヒバクシャ

ペルラ・ジェトベル

「水爆ブラボー実験」時の年齢 …… 32歳
被ばくした場所 …… ロンゲラップ島
親族・続柄など …… モナの夫。ナミコ・アンジャインの兄。
8人の子どもは全員養子

あのときは、外に出ていて明るい光を見た。大きな音も聞いた。

灰が降り始めたとき、ジャカルー（ココナッツの樹液を発酵させた飲み物）をつくっていた。灰はジャカルーの中に入り、ビンのまわりにたくさんついた。天水溜めの水を飲もうとしたら、水が黄色くなっていたので飲まなかった。頭を中心に、体全体に灰を浴びた。

ロンゲラップの島を出るときは、両足の皮膚がむけて、爪は黒くなり、髪の毛が抜け始めていた。吐き気と嘔吐で体全体が痛かった。

妻のモナ（ロンゲラップ島で被ばく）は子どもができない。8人の子どもはすべて養子だ。

甲状腺の手術は受けていないが、毎日、薬は飲んでいる。かつて左の耳にデキモノができたので手術でとってもらった。いまはまた、右の耳の中に石のように硬い腫物ができている。体の具合は、調子が良いときと悪いときが交互にある。

ナミコ・アンジャイン

「水爆ブラボー実験」時の年齢 14歳
被ばくした場所 ...... アイリングナエ環礁シフォ島
親族・続柄、家族の被ばく状況など ...... ロンゲラップ島で被ばくしたペルラ・ジェトベルの妻。モナ・ジェトベルの妹

「水爆ブラボー実験」のとき、明るい光が見えて、地面が揺れ、大きな音が聞こえて、とても驚いた。

午後の3時ごろ、パウダーのようなものが降り落ちてきたので、何かと思って外へ出た。何のパウダーかと思った。はじめは砂かと思った。

そんな中、ポール（ポール・ユルチマン）がカタイ（アモン・アンジャインの夫。1966年に大量の血を吐いて亡くなる。「甲状腺がんだったのでは」と言われている）と一緒にカヌーに乗って出かけて行くのを見ていた。

その夜、体全体が痒くなり、寒気がしたので、火を起こして、そのそばに座っていた。ごはんを食べる気がしなかった。それでも食べると、吐いた。

浜辺で船が来るのを見ていたことは覚えている。アメリカ人が「船に乗りなさい」と言った。

1963年に甲状腺の手術を受けた。甲状腺の薬は飲んでいる。腰が痛くなったり息苦しくなったりすることが度々ある。お腹もときどき痛むことがある。

子どもは5人生まれたが、4人は死産と流産だった。その中には生後1か月余りで亡くなった子もいる。生き残っている1人は娘のネイジョックで、結婚しているが、ときどき「胸が痛い」と言っている。

※取材をしているとき、ナミコ・アンジャインの声は小さく、だるそうに話しをしていた。

生まれつき心臓に異常がある孫をあやすナミコ・アンジャイン（クワジェレン環礁メジャト島、1991年7月撮影）

ジョセフ・ネルジェ

「水爆ブラボー実験」時の年齢 …… 5歳
被ばくした場所 …… ロンゲラップ島
親族・続柄など …… トータックとランシャルの養子

　私はそのとき寝ていたが、光で目が覚めた。起きたときから、その日はいつもと違った朝だと感じたことを覚えている。

　昼ごろ、灰のようなものが降ってきた。井戸水を使っていたが、灰が水面にあって、まるでスープのようだった。私は井戸水で頭を洗った。頭に灰をつけたので、髪が抜けた。AEC（アメリカ原子力委員会）の写真で髪の毛が抜けている女の子は私である。

　夕方までに灰は1インチくらい積もった。それが何かはわからなかったが、みんなと灰を集めて遊んだ。皮膚につくと熱かったことを覚えている。

　島を出るときは何も荷物が持てなかった。船に乗ると、ホースからの水で体を洗われ、タオルを1枚かけてもらっただけだった。小さかったから周りが見えず、船は潜水艦と思った。

　クワジェレン島に着いてから腕に火傷ができ、髪の毛が抜けた。目が真っ白になっていた。クワジェレン島では毎日、海へ行って体を洗わされた。海に石鹸を入れられ、その中で体を洗わされた。薬は何も飲まなかったと思う。

　故郷のロンゲラップ島に帰ってみると、何本かのヤシの実の木は頭の部分が2つ、あるいは3つある木があった。AECの人は、最初は「ヤシガニを食べてもよい」といった。その後、「食べてはいけない」と言ったが、私たちはすでに食べていた。なんということだろう。

　1970年にロンゲラップ島を離れて、イバイ島に移った。それからは、何度もイバイ島とロンゲラップ島を行き来した。ロンゲラップ島を離れると体の調子がよかったと思う。

　ロンゲラップ島に戻って何年か後に生まれた子どもの頭はタコのようだった。その後生まれた子どももほとんど成長せず、短い命だった。いま、子どもは8人（息子が4人、娘が4人）いるが、みな体は悪くない。

　甲状腺の手術は2回受けた。それで甲状腺はなくなった。甲状腺の薬は以前に飲んでいたものと、いま飲んでいるものとは違う。薬は毎日1回飲まなければならない。「飲み忘れると1年寿命が縮まる」とDOE（アメリカエネルギー省）の医者が言っていた。たくさん飲むと、エネルギーがわくのか眠れなくなる。家の周囲をぐるぐると歩き回るけれど、疲れることはない。薬を飲まないと体重が増え、無気力になる。

　ときどきひどい頭痛が起きる。出かけて行って仕事をやっていても、途中で、何をしていたのか忘れてしまう。また、頭痛がひどいときは自分の手が動いているのかどうかさえもわからなくなる。

　私は放射線が残っている故郷のロンゲラップ島には戻りたくない。

(1978年6月撮影)

ニクティモス・ジャッカンネ

「水爆ブラボー実験」時の年齢 …… 17歳
被ばくした場所 …… ロンゲラップ島
親族・続柄など …… トータックとランシャルの養子。
二男三女の父親

あの朝、明るい、まるで太陽みたいな光を見た。何が起きたのかわからなかった。

灰が降り始めたとき、ヤシの木の下でビリエットといっしょにコーヒーを飲みながらドーナッツを食べていた。両腕に降りかかる灰をかき落としながら食べていた。

1960年にスー・アンタクと結婚し、子どもは5人（息子が2人と娘が3人）いる。次男のチレスが、身長が3フィート（約90センチ）以上伸びない。「甲状腺に異常があるのではないか」と言われているが、わからない。甲状腺ホルモン剤は飲んでいない。

妻のスー・アンタクと結婚した後、1963年からロンゲラップ島で暮らし始めた。妻は死産や流産の経験はないが、あるときから体の具合が悪くなった。満潮になるとお腹が異常に膨らみ、痛がり、干潮になるとお腹が小さくなった。今年（1985年）の1月になって急に容体が悪くなり、「胃が悪いのではないか」ということでイバイ島の病院に行った。その後、マジュロ島の病院に入院したが、3月12日ごろに亡くなった。医者は「胃と腎臓のがんが原因だ」と言った。遺体はイバイ島に運ばれ、埋葬された。

私はすべての関節に痛みを感じている。甲状腺の手術はしていないが、薬は飲んでいる。

ロンゲラップ島には高いレベルの放射線が残っていて、みんなその影響を恐れている。

息子のチレスと共に。チレスはこのとき17歳だが、身長が伸びない

ジェイバン・リクロン

「水爆ブラボー実験」時の年齢 …… 2歳
被ばくした場所 …… ロンゲラップ島
親族・続柄など …… 1979年に亡くなったキオジェ・リクロンの一人息子。
三男三女の父

実験当時のことは覚えていない。ロンゲラップ島からクワジェレン島、エジット島、ロンゲラップ島と移動したが、1963年にロンゲラップ島を出てマジュロ島に来た。

結婚し、子どもは6人（息子が3人と娘が3人）いる。ロンゲラップ島に住んでいたから、俺の体の中には放射能が入っている。子どもたちはみな被ばくしていると思う。昨年（1984年8月）のDOE（アメリカエネルギー省）の医者の検査で、2人の子どもが、生まれたときから心臓が悪いことが見つかった。でもDOEの医者は心臓の悪い子どもたちを診ても、原因などについて何も言わない。

私の体に悪いところはない。甲状腺疾患も見つかっていない。医者から「甲状腺の病気にかかる可能性がある」からと言われ、数年前から甲状腺の薬を飲んでいる。1日1錠、飲んでいる。甲状腺の薬は2種類ある。多くのロンゲラップ島の者はピンク色のものを飲んでいるのだが、私は緑色のものを飲んでいる。なぜ自分だけが緑色の薬を飲むのかについては説明してくれないので、わからない。

2～3年前から、私はDOEの医者の検診で、これまでより注意深く診られているようだ。しかし、何も説明されず、薬だけを出されている。私は心臓の悪い子どもに対して責任がある。だから、子どもの検診には必ずついて行く。

ポール・ユルチマン

「水爆ブラボー実験」時の年齢 …… 30歳
被ばくした場所 …… アイリングナエ環礁シフォ島
親族・続柄、家族の被ばく状況など …… イクヤックの長男。妻のリサも被ばく者。
5人の子どもは全員養子

ビリアム（ロンゲラップ島の保健師ジャブエの長女。1歳7か月）を抱いて家の中にいたとき、明るく光った。外へ出ると、空が赤くなっていた。そのときは、音は聞こえなかった。しばらくすると、西の海面に雲のような煙が立ち昇った。初めは細く、その後、大きく膨らんでいった。地面が揺れて、大きな音が聞こえた。その後に強い風が吹いてきて、倒された。ほかの人は座っていたので倒されなかったが、私は立っていたので倒されたのだ。

午後の3時ごろ、パウダーみたいなものが降り落ちてきた。腕に積もるほどたくさん降った。カヌーに乗って、（同じ環礁内の）他の島に出かけた者はいないか探しに行った。パウダーで海の先がはっきり見えなかった。このとき、パウダーは顔にかかり、目や口の中に入り、顔全体がパウダーにまみれた。顔が熱かった。

他の島に出かけていた者は誰もいなかったので家に戻った。パウダーは天水溜めにも降って、水が黄色くなっていた。その水を飲んだが、味はしなかった。

その夜、子どもたちは「体が痒い」と言って眠れなくなり、泣き出した。私は、火傷はできなかったが、体全体が痒かった。

船が来て、乗ったとき、体に海水をいっぱいかけられた。

いまは、腰が痛く、食べると吐いてしまう。目が痛み、よく見えないことがある。DOEの医者は、「歳のせいで、白内障だ」と言っている。

奥さん（リサ。年齢不明。アイリングナエ環礁シフォ島で被ばく）には子どもができなかった。でも5人（息子が2人と娘が3人）子どもがいる。全員が養子である。

※ポール・ユルチマの父イクヤックは、ロンゲラップ島で被ばくし（被ばく時の年齢は不明）、1956年後半に移住先のマジュロ環礁エジット島で亡くなった。死因は不明。イクヤックは、被ばくロンゲラップ島住民のなかの最初の死者である。

マイク・ジーア

「水爆ブラボー実験」時の年齢 …… 実験から3か月後の1954年6月に移住先のマジュロ環礁エジット島で生まれた胎内被ばく者
被ばくした場所 …… ロンゲラップ島
親族・続柄、家族の被ばく状況など …… 母親はロンゲラップ島で被ばくしたリノコ・リクロン。父親はジーア・リクロン。一男七女の父

　1957年に親の故郷であるロンゲラップ島に行き、12歳まで過ごした。アメリカから補償金をもらったこと（1966年1月、アメリカ政府は核実験のフォールアウトを浴びて被害を受けたロンゲラップ島とウトリック島住民に総額約950万ドルの見舞金を支払った）を機にイバイ島に移った。
　甲状腺の手術を1回受けていて、それから薬は飲み続けている。ほかに悪いところはない。子どもは、男が1人で女の子が7人の8人いる。いま、1人が内耳炎を起こしているようだが、みな元気だ。
　最近、ロンゲラップ島に戻ろうかと考えていたが、みんな（避難のために）移住することを決めたと聞いてあきらめた。ロンゲラップ島は私たちの島なのに、残念である。

リジョン・エクニラン

「水爆ブラボー実験」時の年齢 ······ 7歳
被ばくした場所 ······ アイリングナエ環礁シフォ島
親族・続柄など ······ 実験前に亡くなったプエラリックの長女。
2人の養子がいる

「水爆ブラボー実験」のとき、島全体を覆うような大きな明るい光で目が覚めた。何が起きたのかと外に出ると、西に太陽が昇るのを見た。およそ5分後、爆発音が聞こえた。その後、キノコのような雲が立ち上り、本当に空高く昇っていった。みんな座ってそれを見ていた。そのころ、魚取りに出かけていた舟が帰ってきた。みんなで何が起きたのと話し合っていたが、そのうちの何人かが「喉がとても渇く」と言っていた。また、魚取りから帰った者の1人が「海の水が紫色に変わっていた」と言ったことを覚えている。

浜辺に座っていたので砂が目に入った。目がおかしくなった。そのとき、大きな音がして島全体が揺れた。

その後、フォールアウトが降ってきて、みんなの目に入った。私は腕に火傷のようなものができ、体全体が痒くなった。フォールアウトはコプラや魚などすべてのものに降り落ちた。私はその夜からひどい病気になった。

爆発から2日後の3月3日、アメリカの戦艦がやってきて、みんなボートに乗せられ、「何も持ち出せない」と言われた。その後、アメリカ人の船員に「服をすべて脱ぐように」と言われた。男と女、父と娘、母と息子など身内の前で服を脱ぐという大変なタブーを、船の端で行わされた。その後、ホースで水をかけて、その間は裸で一緒に立たせられた。ロンゲラップ島から避難させられた者も、同じことをやらされたと思う。

現在でも、太ももを見せることは女性にとって非常によくないことだ。特に身内の男性に見せることはよくないことなのである。まして1950年代は女性が太ももを見せることさえはばかれることであり、まして裸の体すべてが人目に触れることは大きなタブーだった。

船の上で、男も女も手で裸を隠そうとした。でも、どちらも裸を隠すことはできなかった。あのとき、なぜそうされなければならなかったかは理解することができない。

ホースで水を浴びせられた後、海軍の兵士の服に着替えさせられた。兵士の服を着ても、濡れた体では透けて見られたため女性はみんな泣いた。その後、ベッドで眠った。そのときは、私は髪の毛が抜けなかった。でも、首の回りに火傷のようなものができ、髪の毛が抜ける者もいた。

クワジェレン島に着いた後、アメリカの医者は、身体についた放射線を減らすために1日3回、ラグーンで水浴びすることを要求した。私たちは水浴びをするためにバスに乗せられてラグーンに連れて行かれた。バスがラグーンに着くと、女性たちは水際に立たされて、服を脱ぐように言われた。水浴びにはビリエット・エドモンドとジャヌワリ・アンジャインが通訳として同行した。2人は、水浴びをするために服を脱がされた女性たちと血縁関係にあった。マーシャル諸島の習慣では身内の女性と男性の間には厳しい決まりがあって、お互いに体を見てはいけないのだ。3か月間、ビリエットとジャヌワリの前で毎日3回、ロンゲラップの女性たちは服を脱ぐことを言い渡され、ラグーンの端で、裸で立たされた。女性たちは泣いた。

アメリカ政府の人―すべて男性―は、ラグーンで水浴びをする前と後で裸の女性の胴体部分にガイガー・カウンターを当てて上下に動かすと、女性の髪の毛や陰毛のあたりでしばしば、激しくカチカチと音をたてた。アメリカ人は2回目の計測をする前に、ほかの人の前で陰毛を石鹸でもう一度洗うように言った。ビリエットとジャヌワリは、裸の母や姉妹がいるので見ないようにしていた。

私たちはAEC（アメリカ原子力委員会）によってIDカードと番号を与えられたが、そのとき写真を撮られま

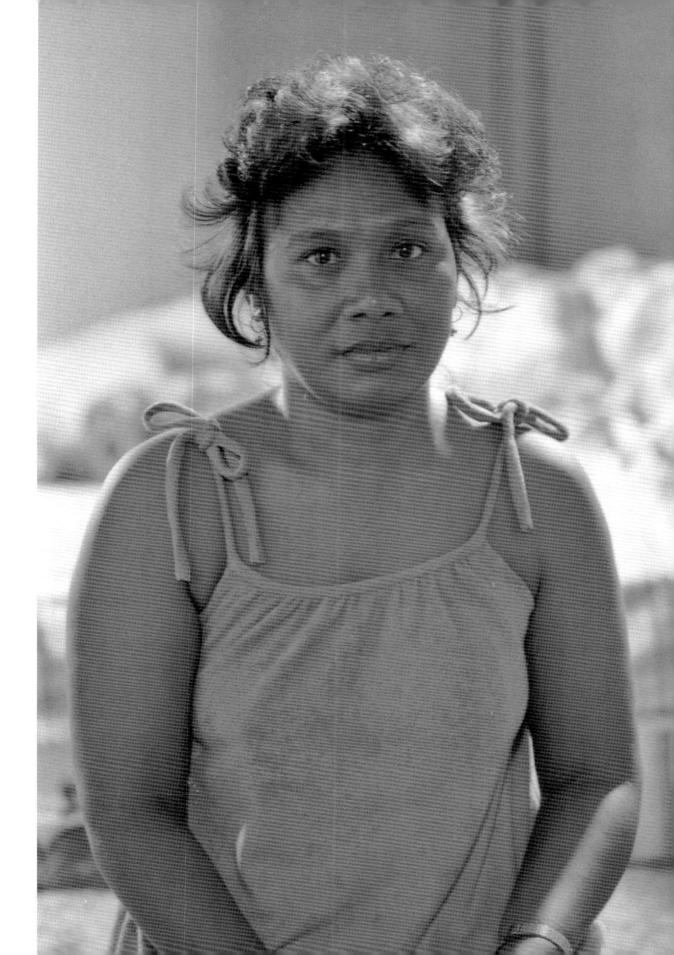

した。写真を撮られるときにも服を脱ぐように言われたが、私はそのことが理解できなかった。

　1957年にロンゲラップ島に帰ったとき、パンノキやタコノキの実はほとんどなく、ほかの食べ物もなかった。あったものを食べると病気になった。毎日、「USDAフード」（アメリカ農務省の途上国向け援助食料）を食べさせられた。1963年から1964年にかけてUSDAフードがなくなったので、仕方なく島で取れる食べ物を食べ始めたが、みんな病気になった。

　1975年にロンゲラップ島を出てからイバイ島に住み続けている。ロンゲラップ島はときどき訪ねている。

　1981年にウトリック島の３人の女性と共に、ニューヨークのブルックヘブン国立研究所に行った。雪があってとても寒かった。そこでは初めてマンモグラム（乳房のレントゲン写真撮影）を受けたが、なぜそのようなことをするのかわからなかった。彼らは私たちの乳房に触り、機械の上に置いたのだが、とても恥ずかしい思いをした。

　1981年には、甲状腺の手術も受け、以来、甲状腺の薬を飲み続けている。死産は何度も経験している。放射線を浴びたことが原因と思われる。子どもができないので、２人の養子をもらっている。

　ロンゲラップ島の人々は、アメリカの医学調査が始まったときから、調査を担当する医者たちは人々の健康不安に対応するよりも調査することが目的であることに不満を持っている。医者たちは人々の不満を無視して甲状腺を調べ、血液や尿を集めることに集中しているようだ。

※リジョン・エクニランは1995年11月15日、オランダのハーグの国際司法裁判所（ICJ）で開催された核兵器が国際法上違法であるかどうかの公聴会に世界の被ばく者の代表として参加した。リジョンは、1954年３月１日の「水爆ブラボー実験」時の被ばく体験、降り落ちた白い粉による外部被ばくと内部被ばくによる子どもたちへの影響を話した。「タコ」とか「カメ」などと呼ぶ赤ん坊を生んだビキニ環礁の風下のリキエップ環礁やアイルック環礁などでの異常出産の例を証言し、最後に「私たちマーシャル諸島の人々が体験した被害を世界の他の社会で繰り返させないよう、できるだけのことをしていただきたいとお願いします」と結んだ。

ロンゲラップ島の人々が持つ2つのカード

ロンゲラップ島の人々は、アメリカから渡されたカードの種類によって2つのグループに分かれる。1つのグループは"SPECIAL EXAMINATION GROUP RONGELAP EXPOSED"（特別医療グループ・ロンゲラップ島被ばく者）と明記された被ばく者であることを証明する薄緑色のカードを持つ人々で構成される。もう1つのグループは、"SPECIAL EXAMINATION GROUP RONGELAP UNEXPOSED"（特別医療グループ・ロンゲラップ島非被ばく者）と印字されたピンクのカードを持っている人々から成る。

彼らは共にフォールアウトによって汚染されたロンゲラップ島に帰郷させられた。彼らを検診したアメリカのブルックヘブン国立研究所の医師団は、そうした環境において被ばく者、非被ばく者を「調査すること」に大きな価値を置いた。

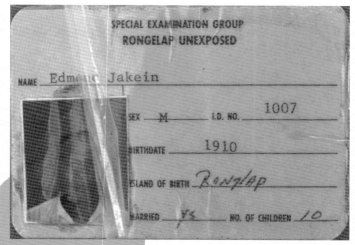

"SPECIAL EXAMINATION GROUP RONGELAP EXPOSED"（特別医療グループ・ロンゲラップ島被ばく者）の被ばく証明カード（色は薄緑）。このカードは1957年6月、ロンゲラップ島に帰郷する前に85人（胎児4人を含む）に渡された。

"SPECIAL EXAMINATION GROUP RONGELAP UNEXPOSED"（特別医療グループ・ロンゲラップ島非被ばく者）と印字されたカード（色はピンク）。このカードは、他の島に出かけていたために水爆実験で被ばくしなかった165人に渡された。

7 「水爆ブラボー実験」のヒバクシャ

アモン・アンジャイン

「水爆ブラボー実験」時の年齢 …… 24歳
被ばくした場所 …… アイリングナエ環礁シフォ島
親族・続柄など …… カタイの妻。アビア・アンジャインの娘

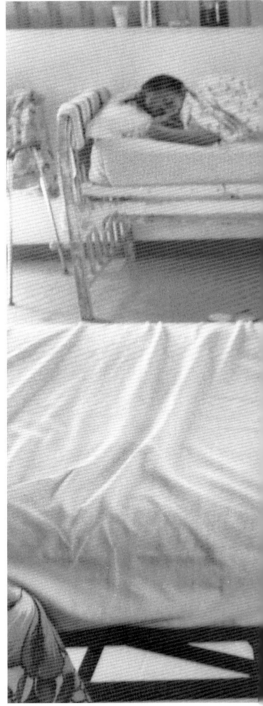

　夫のカタイは、大量の血を吐いて死んだ。1966年のことである。どうして死んだのかはわからない。
　死産と流産を4回、経験している。
　1975年に甲状腺の手術を受けてマーシャル諸島に帰ってきて以来、マジュロ島の病院に入院している。いつも胸と心臓に痛みを感じている。
　一人息子のノボルは15歳だけれど、身長が極端に低く、甲状腺の病気によって成長が止まっているのではないかと思う。でも、AEC（アメリカ原子力委員会）の検診は受けていない。

（1978年4月撮影）

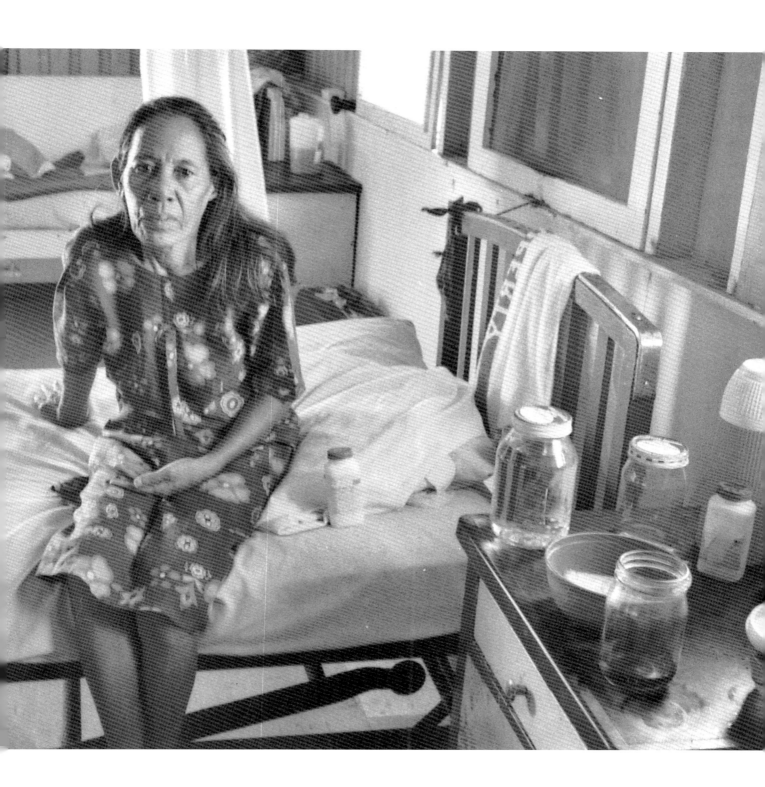

7 「水爆ブラボー実験」のヒバクシャ

―水爆実験による最初の死―
レコジ・アンジャインの死

レコジ・アンジャイン

「水爆ブラボー実験」時の年齢 …… 1歳
被ばくした場所 …… ロンゲラップ島
親族・続柄など …… 「水爆ブラボー実験」時の村長ジョン・アンジャインとミチュワの四男

《レコジ・アンジャインの当時の状況と発病、そして死を、関係者への取材と資料に基づいて記録した》

　レコジ・アンジャインは、1953年3月21日、ロンゲラップ島で生まれた。ジョン・アンジャインの写真アルバムには2日後に撮った父親に抱かれたカラー写真が収められている。

　レコジは、1954年3月1日の「水爆ブラボー実験」の後に降ったフォールアウト（人々は「パウダー」あるいは「白い粉」などと呼ぶ）の中で転げ回って遊んだという。

　クワジェレン島に避難させられたときに撮られ、1954年3月13日と記された写真では、母親のミチュワに抱かれている。額の一部が禿げあがっているように見える。1955年に移動先のマジュロ環礁エジット島で撮った写真では父親のジョンに抱かれて泣いている。

　1957年にロンゲラップ島に帰ったが、1964年7月に、ジョンとミチュワは7人の子どもと共にイバイ島に移った。

　1968年、アメリカ医師団の定期検診でレコジに甲状腺の異常が見つかり、エリオ・ボアス、ナミコ・アンジャインらと共にニューヨーク州のブルックヘブン国立研究所で手術を受ける。このときの甲状腺検査や分厚い扉のついたホール・ボディ・カウンターに入った姿や国連などを見学した様子、医師団団長コナード医師の自宅でのバーベキューを楽しむ写真が多数残されている。

　翌1969年、マジュロ島ロングアイランドのミッションスクールに入学。ジョンとミチュワ夫妻もマジュロ島に移住した。

　1970年ごろから身体の具合が悪くなる。ジョンによれば、「1週間学校に行くと、次の2週間は休み、血便が出て、歯茎から度々出血した」という。

　1972年9月、ミッションスクールを卒業後に受けたアメリカ医師団の定期検診で白血病の疑いがあるとされた。このときジョンは、マーシャル諸島選出のミクロネシア議会のアダジ・バロス議員と初めて日本を訪れて帰ったばかりだった。医師団のコナード医師は、「レコジはアメリカの病院で診察、治療を行う必要がある」とジョンに告げた。レコジは最初ハワイの病院に連れて行かれ、その後ブルックヘブン国立研究所の病院で精密検査を受けた結果、白血病と診断された。その後レコジは、メリーランド州ベセスダの国立保健研究所病院に移送され、抗白血病剤の注射による治療を受けた。

　同年11月、マジュロ島に住むジョンとミチュワは、コナード医師から「レコジの手術をするので立ち会ってほしい」との電報を受け取った。レコジの病床に駆けつけた2人に、コナード医師は「白血病に罹っていて治すことは難しい」と言った。その数日後の1972年11月15日、レコジは亡くなった。死因は急性骨髄性白血病とされた。享年19歳だった。

　レコジの入院中の様子は、同じ病院で隣のベッドで治療を受けていた政治評論家でコラムニストのスチュアート・オルソップが『ニューズウィーク』1972年10

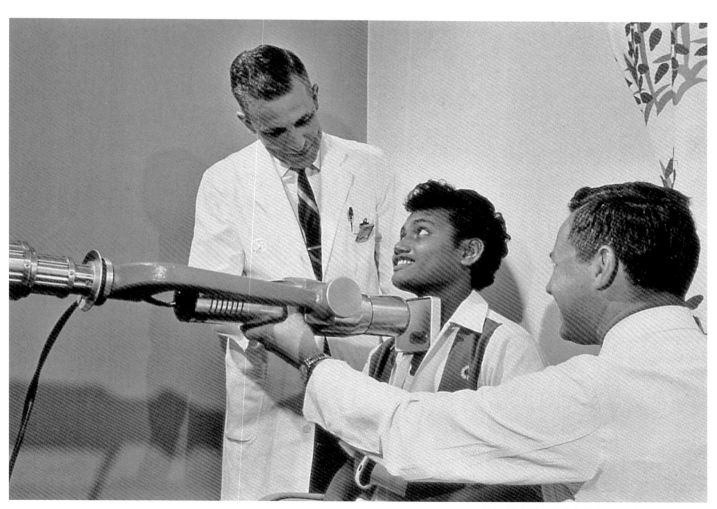

アメリカで甲状腺の検査を受けるレコジ・アンジャイン
(ジョン・アンジャインのアルバムから)

7 「水爆ブラボー実験」のヒバクシャ

月30日号で次のように書いた（一部）。

　　肺炎で国立保健研究所病院に入院する機会を得た私は、レコジと会うことで、1954年にビキニ環礁で行われた運搬可能な水爆実験について知る機会を得た。
　　レコジは1日のうちかなりの時間、毛布にくるまってボールのように丸くなって寝ていて、－中略－ベッドの上の金具にはズングリしたビンが吊り下げられ、その中味はプラスチックチューブを通して滴り落ち、レコジの腕の血管に注入されている。
　　（中略）レコジは最初の、これまでではただ1人の水爆による白血病の犠牲者である。ビキニ環礁で行われた水爆実験は、われわれの技術の進歩がつくりあげた水爆によるものである。－中略－水爆すなわち核融合爆弾は小さな威力で大量の人間を殺す能力がある。実際、いま世界に数万発貯蔵されている核弾頭はレコジを白血病にした爆弾、核融合爆弾なのである。
　　（中略）後に私は輸血を受けるためにベッドに横になりながら自分自身に問いかけた。かつてこのような爆弾が使われたことがあっただろうかと。

　　もうひとつの問いは、私のルームメイトが示しているめぐり合わせである。キラキラした太平洋のラグーンで魚や女の子を追いかけるべきこの魅力的な若者が、なぜ、ここで、神が行った行為ではなく人間が行った行為によって1人で理不尽な運命に苦しんでいるのかということである（後略）

　オルソップがレコジ・アンジャインの死を聞いたのは、亡くなってから10日後だった。1972年11月21日付『ニューヨーク・タイムズ』紙の科学部記者ウォルター・サリバンは、「レコジは水爆による死者第1号」として、「放射線被ばくによる典型的な病気による最初の死が、核兵器実験によるひどいフォールアウトを浴びた住民のなかで起きた。犠牲者は19歳のマーシャル諸島住民で、名前はアンジャイン……」と書いた。
　ジョン夫妻と共にマジュロ島に戻ったレコジの遺体はロンゲラップ島に運ばれ、ラグーン・サイドの墓地に埋葬された。
　ジョンも「いつ書かれたか覚えていない」と言うが、写真アルバムにロバート・コナード医師によって「ジョン・アンジャインへ。あなたの息子レコジを失ったことに心から深いお悔やみを申し上げ、あなたのご多幸を祈ります。あなたの友人ボブ」と記されている。

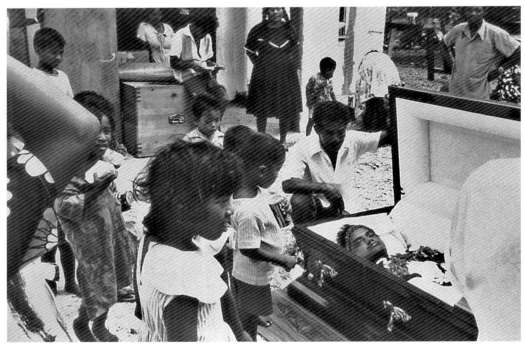

棺に納められたレコジ・アンジャイン（ジョン・アンジャインのアルバムから）

元村長ジョン・アンジャインの4男で19歳で白血病死したレコジの墓（1985年5月撮影）

ウトリック島の人々

「水爆ブラボー実験」で、島全体が霧に覆われる

ウトリック島は、ビキニ環礁の東約470キロにあるウトリック環礁のなかで最大の島で、1954年3月時点で154人と、そして生れそうな赤ん坊が7～8人を含め、161～162人が住んでいたとされる（"Castle Bravo: Fifty Years of Legend And Lore-A Guide to Off-Site Radiation Exposures." Defense Treat Reduction Agency Defense Threat Reduction Information, Analysis Center. January 2013.）。

※実際は、1954年3月当時の住民は157人で、うち9人が妊娠していた。

1954年3月1日、「水爆ブラボー」が実験されたとき、ベラ・コンポチ（男性。61歳）は、「音の意味が全く理解できず、多分、第2次世界大戦のような爆弾が爆発したと考えた。もちろん、原爆（ママ）とは知らなかった、私はウトリック島沖のアメリカの船の主砲あるいは大砲が撃たれたと思った。あるいは、潜水艦に対する水中爆雷が爆発したのかとも思った。だからアメリカが戦争を再開したと考えた」と言った。

そして多くの住民が、西の方角に明るい光を見た。また、一部の住民は、シュッというような音を聞き、その後、島全体が霧に覆われた。

意味がわからないままの避難

1954年3月3日、水上飛行機がラグーンに着水し、3人の男がゴムボートでやってきた。前出のベラ・コンポチは「彼らは、奇妙な箱のような機械を持ってしばらくの間歩き回っていた。1人の男が私たちに、彼らが来る前に食べていたアロールート（クズウコン）と前夜に取った魚を見て、『何も食べてはいけない、飲んではいけない』と言った」と語った。

翌3月4日午前6時30分ごろ、駆逐艦がやって来て、住民の避難が始まった。人々は「何も持ち出せない」と言われた。避難はゴムボートを使って行われた。チルダ・ビトンは、「私たちはゴム製の小さなボートに乗せられた。1回に8人が乗り込んだ。あの日はとても波が高く、私はボートから落ちて溺れそうになった。アメリカ人はとても急いでいた。船が島を離れ、故郷の島が遠のいていくことがとても悲しく、私たちに何が起きているのか、なぜ島を去らねばならないのかがわからなかった」と言った。

ウトリック島の人々はクワジェレン島に着くと、ロンゲラップ島の人々とは違った場所（船舶の修理所）に収容された。またロンゲラップ島の人々とは違ったラグーン・サイドの海で水浴びをさせられた。

クワジェレン島に約3週間滞在した後、ウトリック島の人々は約5キロ北にあるイバイ島に移された。イバイ島では、周囲をロープで囲まれた地域に建てられた布製のテントで過ごした。人々はロープで囲んだ地域から出ることも、訪問者を招き入れることも禁じられた。食料が少なく、調理をするための薪もないため、多くの者がお腹をすかせていたという。

1954年5月30日、人々は故郷のウトリック島に帰った。

※人々の証言は、1982年10月と2006月3月にウトリック島とマジュロ島で取材したときのもの。
※証言者の職業と年齢は「水爆ブラボー実験」が行われた1954年3月時点のもので、女性の名前は取材時のものである。
※氏名のファーストネームとファミリーネームの順は、それぞれの証言者が自ら語ったことに基づく。

ウトリック島は、村の入口に大きな墓地がある（1982年10月撮影）

アメリカの医師団を除いて、外部からの訪問者は優しく迎えられる
（1982年10月撮影）

エズラ・レバン

「水爆ブラボー実験」時の年齢 …… 25歳
被ばくした場所 …… ウトリック島

　イバイ島から故郷のウトリック島に戻ったとき、彼ら（アメリカ人科学者）は私たちに、「島で取れるものは食べてはいけない、ポイズン（放射性物質）があるから」と言った。
　帰郷した後、"Bomb"（水爆実験）前と違って多くの問題が起きた。私は流産を4回、死産を3回経験した。"Bomb"のときにいたすべての女性が流産と死産を経験し、それは今も続いている。
　甲状腺の手術をクリーブランド（オハイオ州）の病院で受けて帰ってきたとき、とても心細く感じた。いまも喉に痛みを感じ、ピリピリする。そのため聖歌隊で歌うことはできない。
　彼らは（アメリカ人医師）は、「私はがんだ」と言うが、どういうことかわからない。がんがどういうものかがわからない。
　私は、コナード医師（ロンゲラップとウトリック島の被ばく住民を定期検診する医師団団長）が「ポイズンはなくなった」と言ったことを信じないし、「ポイズン」は今もある。コナード医師は、私たちに真実を言わないばかりか、何が起きているかを説明しようともしない。アロールート（クズウコン）が消えたことは、ウトリック島にまだポイズンがある証拠だと信じている。
　いま私は、毎日、錠剤（甲状腺ホルモン剤）を飲んでいる。死ぬまで飲み続けなければならない。アメリカは、私たちの島で"Bomb"を発射した。そのため、私たちは緩慢に死んでいくのだ。

（1982年10月撮影）

7 「水爆ブラボー実験」のヒバクシャ　173

モジャー・ティムー

「水爆ブラボー実験」時の年齢 …… 33歳
被ばくした場所 …… ウトリック島
親族・続柄など …… 二男四女の母

　「水爆ブラボー実験」のときは、寝ていた。目が覚めて外に出ると、西の空が赤く、青色にも見えた。
　日没前、島全体がかすんで、霧がかかったようになった。
　霧のようなものに覆われた2日後（3月3日）に取って食べたパンノキの実の味が違っていた。「どう違っていたか？」と言われても、うまく答えられない。とにかく違った味だった。その夜から何人かが吐いたり、下痢をしたりした。私も吐いた。
　流産を2回経験しているが、子どもは息子が2人と娘が4人の6人いる。

（2006年3月撮影）

ウィントン・ケル

「水爆ブラボー実験」時の年齢 …… **胎内被ばく者**
被ばくした場所 …… **ウトリック島**
親族・続柄など …… **ケル・ジョエルの次男**

　"Bomb"の後、1954年6月に生まれたが、甲状腺手術を受けた。薬は飲み続けている。

　体の中にポイズン(放射性物質)があると思う。3年前に生まれた長女の頭がおかしいのはポイズンのせいだと思う。

ウィントン・ケルの一人娘は脳に水がたまる水頭症と診断されている(1982年10月撮影)

ライゼン・ミッチェル

「水爆ブラボー実験」時の年齢 …… 18歳
被ばくした場所 …… ウトリック島
親族・続柄など …… 子どもは10人

（2006年3月撮影）

　「水爆ブラボー実験」のときは、家の中で遊んでいた。朝、大砲を撃ったような音を聞いた。それから10時間ぐらいたってから、島全体が、霧がかかったように曇った。

　避難のとき、アメリカ兵は特に何も言わなかった。ただ、「何も持ってはいけない」と言われ、着ている服のままクワジェレン島に行った。クワジェレン島に着くと、毛布に枕、マットレスと食べ物をくれた。服はもらえなかった。クワジェレン島では毎日泳がされた。石鹸をくれ、それで海の水で体を洗った。

　薬はくれなかった。病院に行ったことは覚えている。

　故郷の島に帰ったとき、ヤシの実が黄色や緑、赤などいままでとは違った色をしていた。パンノキの実も同じような色をしていた。帰島のとき、アメリカ兵がブタと鶏を持ってきて島に放した。

　結婚して子どもは10人いるが、妻は2～3年前にマジュロ島の病院で亡くなった。妻はウトリック島の生まれではない。しかし、結婚してからはずっとウトリック島に住んでいた。妻は、左目が黒ずんで「痛みがひどい」と言い、歩くことができなかった。

　甲状腺の手術は1983年と84年に2回受けている。ときどき、朝起きたときに動けなくなり、背中も痛い。

8 ロンゲラップ島の暮らし
―自然とともに、つつましやかに暮らす人々―

　ロンゲラップ環礁はマーシャル諸島の北西部にあり、61の島がある。人々は環礁の南東端にあるロンゲラップ島に住み、環礁のすべての島でヤシの実やパンノキの実、アロールート（クズウコン）、ヤシガニ、魚介や海鳥などの食料を得て暮らしている。また、東約50キロメートルのロンゲリック環礁と南西約24キロメートルのアイリングナエ環礁の島々の所有権がある。人々はカヌーで4～5時間かかるアイリングナエ環礁の島々に、度々食料を取りに出かけている。

　もともと、家や学校、教会などすべての建物は屋根をヤシの葉でふいた平屋だった。しかし、「水爆ブラボー実験」のフォールアウトを浴びてアメリカ軍に避難させられ、3年後の1957年6月に帰郷したときから、以前の暮らしは一変した。家の屋根はトタン張りで、地上から約140センチメートルの高床式の木造住宅となった。食生活では、昔と同じヤシやパンノキの実、魚介などのほかに、アメリカから援助された「USDAフーズ」と呼ばれるコメと魚の缶詰などが主食となった。家と主食は変わっても、飲料水や調理用の水は以前と同じく天水（雨水）頼みである。

　1日は、夜明け前にご飯を炊く火を起こすことから始まる。朝食後、子どもたちは学校へ、女性たちは掃除・洗濯の後にヤシやタコノキの葉でゴザやバスケットを編む。男たちはヤシ林の手入れのほか、収入源となるコプラをつくるためにヤシの実の果肉を天日干しにする。太陽が中空に停止して最も暑い時間帯に昼食を食べ、食後は昼寝をする。夕方、陽が陰り始めるころ、男たちは釣りや投網で小魚を取り、女性たちは夕餉の支度を始める。

　人々が最も活動的になるのは、満月の大潮のときで、男たちはボートを出して近海マグロやカツオ釣りに出かける。また、伝統的な囲い込み漁は男たちが総出で行う。大物が釣れ、囲い込み漁で小魚が大量に取れると、切り身や小魚は赤ん坊から老人まで全員に公平に分け与える。

　日曜日は、朝食後に水浴びをして、女性や子どもはきれいな服に着替える。男性は白のワイシャツに黒いズボンに着替え、革靴をはいて教会に集う。

　ロンゲラップ島の人々の暮らしは、日の出と日没、干潮と満潮のゆったりとした2拍子のリズムで営まれる。その暮らしは、人々がロンゲラップ島にやってきて住みついて以来繰り返されている。

ロンゲラップ島の満月の夜（1985年5月撮影）

ロンゲラップ島ではマーシャル諸島ではまれな高床式住宅が多い。1954年「水爆ブラボー実験」の後、住民は避難させられていたが、3年後に帰郷。そのときから、こうしたトタン屋根で高床式住宅が多くなった（1985年5月撮影）

飲料水源のスコールの雨をためる。雨は貴重な飲料水や調理用の水となる（1985年5月撮影）

スコールの降るなか、雨水を天水溜めに導く雨桶を直す（1985年5月撮影）

高床式住宅の床下に寝そべって、ウクレレを弾く青年（1985年5月撮影）

8　ロンゲラップ島の暮らし

おやつにタコノキの実を食べる子ども（1985年5月撮影）

パンノキの実(1985年5月撮影)

ロンゲラップ島の人々にとってパンノキの実は主食の1つだ(1985年5月撮影)

「ムオ」とよばれるヤシの葉を使う伝統的な囲い込み漁。「ムオ」では網を使わない（1985年5月撮影）

「ムオ」では網の代わりにヤシの葉で作ったロープを使う(1985年5月撮影)

「ムオ」によって取った取り立ての魚を食べる(1985年5月撮影)

8 ロンゲラップ島の暮らし　187

投網を使って漁をすることもある（1985年5月撮影）

取れた魚を車に積んですべての家に運ぶ（1985年5月撮影）

ヤシ殻を薪に魚を焼く（1985年5月撮影）

ロンゲラップ島の浜辺で遊ぶ女の子たち（1985年5月撮影）

ロンゲラップ島の若者たちが好きなものは野球（1985年5月撮影）

ヤシの実にはスコアボードが描かれていた（1985年5月撮影）

外野手。海に入ればホームラン（1985年5月撮影）

8　ロンゲラップ島の暮らし　191

小学4〜6年生の授業 (1985年5月撮影)

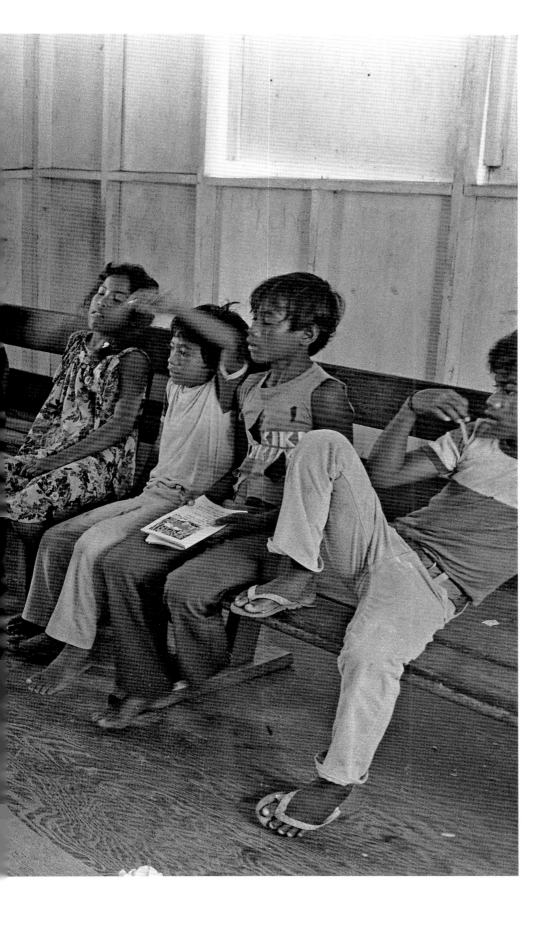

教会前の住民の集まり。人々は日曜日、朝食の後に水浴して教会に集う（1985年5月撮影）

首都マジュロ島との無線通信（1985年5月撮影）

9 ロンゲラップ島住民のメジャト島への移住
―「安全」と言われ続けた末に―

　ロンゲラップ島の人々は、「水爆ブラボー実験」のフォールアウトを浴びてアメリカ軍に避難させられてから3年後の1957年6月に帰郷した。帰郷後、女性は死産や流産を繰り返し、1963年以降は甲状腺の異常、1970年代はがんとこれまで見たこともない病気に苦しまされた。1980年代に入ると、甲状腺異常やがんによる死亡が相次ぎ、生まれてくる子どもに手足や内臓に異常がある者が多くなった。

　被ばくして以来、アメリカ医師団による検診を受けていたが、医師たちは「甲状腺異常やがんは被ばくとは関係がない」と言い続けた。

　1982年11月、アメリカは『1978年調査のマーシャル諸島北部環礁における放射線の意義』とする報告書を公表した。報告書は、北部環礁の島々に残る放射線量を「微量」、「少量」、「多量」、「大量」の4段階に分け、住み続けた場合のがんによる死亡率などを英語とマーシャル語で説明した。この報告書でロンゲラップ環礁は、人々が住むロンゲラップ島は「多量」だが、その他の食料を取りに行く島々はすべて「大量」と表記されていた。1978年8月末に全住民が退去させられたビキニ島は多量の放射性物質が残るとあった。

　ビキニ島住民は退去させられたのに、ロンゲラップ島は安全と言い続けるアメリカに疑問を持った人々は、長い話し合いの末、「子どもたちの将来のため」として故郷の南約190キロメートルのクワジェレン環礁メジャト島に移住することを決めた。アメリカ政府からの移住資金は少額のため、住民たちは「非核太平洋」を掲げるグリーンピースの船でメジャト島に向かうことになった。

　1985年5月20日～31日、325人のロンゲラップ島の人々はメジャト島に移住した。メジャト島は故郷ロンゲラップ島の10分の1もなく、借地のため自由にヤシの実などを取ることができない。食料は南東に約130キロメートル離れたイバイ島で買い、運ばねばならなかった。人々は、「島は小さいが、放射能がないから安心だと」と言った。

　メジャト島での暮らしは、人々が思うようにはならなかった。診療所はあっても病院がないなどの理由で、人々はイバイ島や首都のマジュロ島などに移って住む者が増えていった。

　マーシャル諸島では、所有する島に住まない者は2流の人間で、大洋を漂うヤシの実と同じと言われる。ロンゲラップ島の人々は自分たちの責任ではなく、アメリカによって「2流の人間」とされたと言えるかもしれない。

「水爆ブラボー実験」とロンゲラップ島住民とウトリック島住民の移動経路

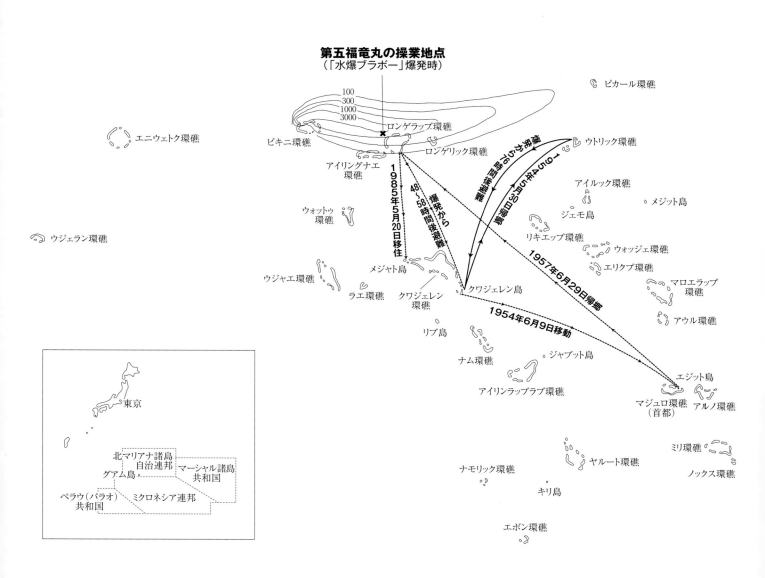

家を解体した部材などをボートに積む。左側に見える船は移動に使われるグリーンピースの「虹の戦士号」（1985年5月撮影）

ロンゲラップ島からメジャト島へ移るため、家を解体する（1985年5月撮影）

移住船グリンピースの「虹の戦士号」を迎えるメナドリック・ケペンリ（1985年5月撮影）

ロンゲラップ島を去るにあたって小中学校では全生徒の記念写真を撮った（1985年5月撮影）

若い被ばく者に運ばれて故郷を去る寝たきりのアビア・アンジャイン（1985年5月撮影）

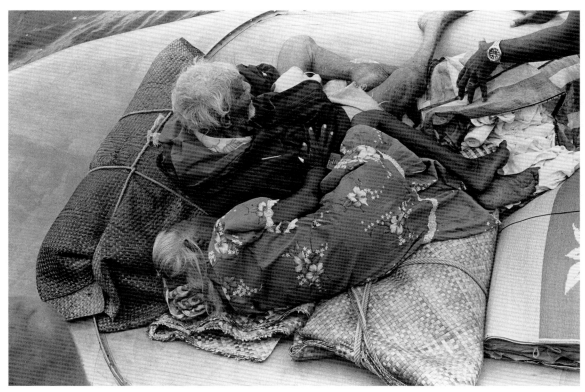

故郷を後にして、ボートに横たわる老夫婦（1985年5月撮影）

故郷を離れなければならなくなった姉妹も大きな荷物を運ぶ
(1985年5月撮影)

故郷の味ヤシの実を持ち出す (1985年5月撮影)

釣りの名人ティマ・メリリンは愛用の釣り竿を持って故郷を離れる (1985年5月撮影)

グッバイ・ロンゲラップ。ボートで沖合に待つ移住用のグリーンピースの「虹の戦士号」に向かう（1985年5月撮影）

移住船グリーンピースの「虹の戦士号」の甲板で授乳する母親（1985年5月撮影）

移住船「虹の戦士号」の甲板の様子（1985年5月撮影）

沖にとまる巡航船とメジャト島との間は小型ボートで行き来する（1986年4月撮影）

移住先のクワジェレン環礁メジャト島（右）。メジャト島の面積は故郷のロンゲラップ島の10分1にも満たない（1985年5月撮影）

移住先のメジャト島に着き、親戚に迎えられた被ばく者セーラ・ネプタリ（1985年5月撮影）

メジャト島移住1年後、野菜のタネをまく。メジャト島では自由にヤシの実を取ることができず、不自由な生活を強いられている（1986年4月撮影）

枯れ落ちたヤシの実の果肉を食べる（1986年4月撮影）

移住6年後のメジャト島。イバイ島から運んできた食料を運ぶ（1991年7月撮影）

メジャト島の沖で夜釣りをする被ばく者のボルカイン・アンジャイン（左）とジャブエ・ジョルジュ（右）（1991年7月撮影）

メジャト島の家で夕食後に孫とくつろぐボアス夫妻（1991年7月撮影）

移住先のメジャト島の海に慣れない子どもたちはバケツで水浴び（1991年7月撮影）

10 ミサイル実験場クワジェレン島とイバイ島
―さまざまな問題に見舞われる小さな島の暮らし―

　クワジェレン環礁はマーシャル諸島のほぼ中央に位置する世界最大の環礁で、南東端にあるクワジェレン島を中心に、97もの島がひし形に広がるサンゴ礁上に点在する。1946年、アメリカがビキニ環礁で行う核実験の支援基地の建設をクワジェレン島で始めると、環礁内の島々に住む住民が仕事を求めて集まった。仕事に就いていた約500人の住民はその後、約5キロメートル北にあるノバイ島に移された。

　1961年、アメリカは核爆弾の運搬手段の大陸間弾道ミサイル（ICBM）の試射実験をクワジェレン環礁の約3分の2を占める中央回廊地域で行うことを決めた。その実験に向けて1964年2月には、中央回廊地域の島々の土地約3000平方キロメートルを99年間借りる契約を52人の土地所有者と結んだ。契約料は約4平方キロメートルあたり500ドルで、人口が増え続けているイバイ島の社会問題を改善するという条件だった。

　ICBM実験の開始と共に、さらに多くの人々がクワジェレン島での仕事を求めてイバイ島に集まった。加えて核実験の被害を受けたビキニ島やロンゲラップ島などの人々もイバイ島に住み始めた。

　その結果、広さ約0.36平方キロメートルのイバイ島には1万人近い人が住むという超過密状態になった。人口の急増に上下水道整備やゴミ処理の対応が追いつかず、衛生環境は悪化し、「太平洋のスラム」や「時限式生物爆弾爆発寸前の島」などと呼ばれた。1960年代以降、人々はポリオやはしか、結核などの病気に見舞われた。

　1970年代、クワジェレン環礁の土地所有者たちは、賃貸契約時に約束したイバイ島の社会問題などの改善を行うことや賃貸料の値上げを求めて、軍事施設の島々で何度も座り込みを行った。1982年6月から約1000人が「帰郷作戦」と称して軍事施設のある11島に4か月間にわたって座り込みを行ったが、要求は受け入れられなかった。

　約7000キロメートル離れたカリフォルニア州西岸の空軍基地からクワジェレン環礁の中央回廊地域へのミサイルの試射実験は今も続いている。イバイ病院の職員は、「ミサイル実験後に雨が降ると、イバイ島の人々に下痢やインフルエンザに似た症状が現れる」と言う。

　イバイ島には、2018年時点で約1万5000人が住んでいる。しかし、上下水道は不備で、人々の不衛生な暮らしには今なお続いている。

クワジェレン環礁とミサイル実験施設

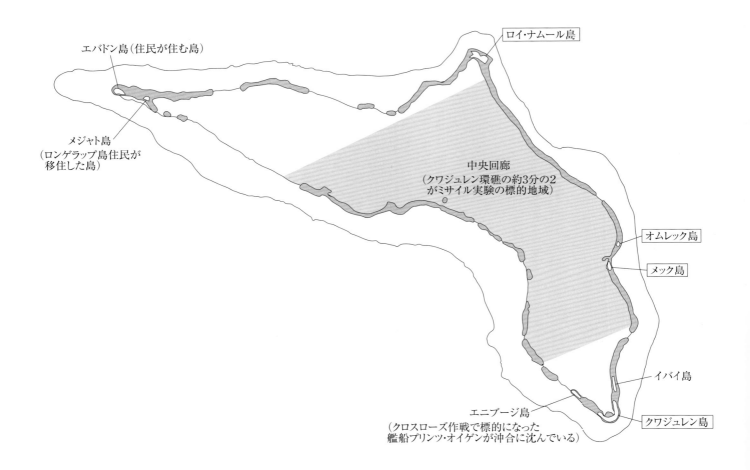

● **主なミサイル実験施設がある島**（ ☐ で囲んである島）
クワジェレン島、メック島、オムレック島、ロイ・ナムール島

● **住民が住む島**
イバイ島、エニブージ島（クロスローズ作戦の標的となったドイツの戦艦プリンツ・オイゲンが沖合に沈んでいる）
メジャト島（ロンゲラップ島住民が1985年に移住した島）　エバドン島（メジャト島の東）

クワジェレン島のアメリカ軍ミサイル施設（1978年9月撮影）

アメリカ軍の基地には陸軍の飛行場もあり、クワジェレン島のほぼ全域を占める（1991年7月撮影）

クワジェレン島のアメリカ軍基地内に設置された初期のミサイル迎撃ミサイル（1978年9月撮影）

クワジェレン島のアメリカ人居住区（1978年9月撮影）

クワジェレン環礁エンブージ島近くに沈むドイツの戦艦プリンツオイゲン。1946年7月ビキニ環礁で行われたマーシャル諸島で最初の原爆実験の標的艦となった。2回の実験でも沈まず、核実験終了後に調査と除染のためクワジェレン環礁にえい航されて係留されたが、2日後転覆し放置されたままになっている（1982年10月撮影）

空から見たイバイ島。0.36平方キロメートルという面積のイバイ島に多くの人々が住み、環境整備が追いつかず、劣悪な衛生状態となっている（1991年7月撮影）

イバイ島では飲料水はアメリカ軍基地からの給水でまかなっている
(1982年6月撮影)

空き缶をはじめたくさんゴミが放置されたままのイバイ島の海辺を歩く姉妹（1982年6月撮影）

イバイ島の葬儀。狭い墓地の敷地で埋葬を行わなければならない（1991年7月撮影）

イバイ島では、人々は一部屋に平均13人が暮らす（1982年6月撮影）

イバイ島ではベニヤ板とトタン屋根の家が多い。暑さをしのぐために窓は1日中開けている（1982年6月撮影）

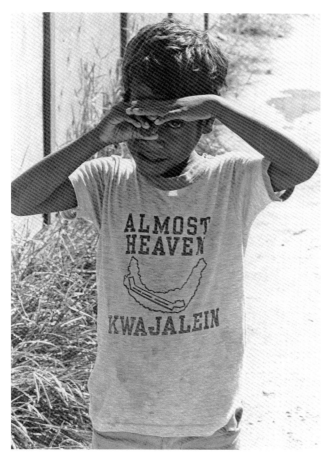

「クワジェレン島は天国のようだ」という意味のTシャツを着る子ども（1982年6月撮影）

「イバイ島は地獄」という意味のTシャツを着る若者（1982年6月撮影）

イバイ島の社会問題の解決を求めて、クワジェレン島のアメリカ基地内でも「帰郷作戦」と称した座り込みが行われた（1982年6月撮影）

マーシャル諸島の最高位の指導者ラチュアン・カブアの遺体を見送るイバイ島住民（1982年10月撮影）

クワジェレン島アメリカ基地内で行われた「帰郷作戦」による座り込み（1982年6月撮影）

11 首都マジュロ島
―被ばく被害を胸に刻みながら生きる人々―

　マーシャル諸島共和国の首都マジュロ島は、マジュロ環礁の南側の12島の間を埋め立て、道路でつながれている。1947年の国連信託統治協定でマーシャル諸島行政区となったときに中心都市となり、1986年にマーシャル諸島共和国として独立し、首都となった。

　ニティジャラと呼ばれる国会のほか。病院や裁判所、ホテルと主な商店はマジュロ島東部のダラップ、ウリガ、ダリットの3地域に集中する。住民は、地元のマジュロ島の人々だけでない。核実験場となったビキニ、エニウェトクの2つの環礁の人々や水爆実験で被ばくしたロンゲラップ島やウトリック島の出身者も住んでいる。それぞれ出身地に応じて小さなコミュニティを作って暮らしている。さらに、マジュロ島の病院に入院するため離島の人々が家族ぐるみで集まり、人口は増え続けている。

　マーシャル諸島共和国の公休日の1つに、アメリカの水爆実験によってロンゲラップ島などの人々が被ばくした3月1日がある。この日、公共の施設にはマーシャル諸島共和国国旗の半旗が掲げられる。

　2003年は「核実験被害者を思い起こす日」として式典が開催された。翌2004年の「水爆ブラボー実験」50周年のときは、「核実験生存者を思い起こす日」と呼んだ。名称の変更は、ロンゲラップ島などの被ばくした女性たちの被害者グループ「エラブ（ERUB）」の主張によるものである。ERUBの女性たちは、水爆実験で健康被害を受けた被ばく者ではなく、以後の差別などの苦難の暮らしを生き抜いてきた「被ばく生存者」であると主張した。

　また2004年の式典では、出席した駐マーシャル諸島アメリカ大使が、「マーシャル諸島の人々は、冷戦の終結、世界の自由と民主主義の確立に貢献された」と挨拶した。これに対してロンゲラップ島などの人々は、「冷戦の終結に貢献はしていない。冷戦下でモルモットにされたのだ」と怒った。

　「水爆ブラボー実験」を含むアメリカによる核実験の被害は、マーシャル諸島の若い世代に引き継がれている。国立マーシャル諸島短期大学（CMI : College of Marshall Islands）では、核実験の歴史と被害の実相についてロンゲラップ島などのヒバクシャを招いた授業を行っている。2015年には、若い女性たちのNGO「マーシャル諸島、放射線被ばく、人々の関心を高めるキャンペーン（REACH-MI）」が設立され、核実験による被ばく者の支援と核実験被害について関心を高めるための取り組みのほか、マーシャル諸島の人々のコミュニティと生活改善に役立つ情報を提供するなどの活動を行っている。

「3月1日、核実験生存者を思い起こす日」のセレモニー会場（マジュロ島、2006年3月撮影）

「マーシャル諸島全国放射線調査」のための採集土壌を乾燥させる（マジュロ島、1994年3月撮影）

マーシャル核被害補償裁判所（NCT）事務局と監督官（マジュロ島、2006年3月撮影）

「水爆ブラボー実験40年目の苦しみを忘れるな」と書いたたれ幕を商店街に掲げたロンゲラップ島被ばく者のニクティモス・ジャッカンネ（左）と被ばく2世でロンゲラップ島市長ジェームス・マタヨシ（1994年3月撮影）

マーシャル諸島短期大学図書室の一隅に設けられた原爆を学ぶための図書の展示コーナー（2006年3月撮影）

12 日本のビキニ被ばく漁船と乗組員
―あいまいなままの被ばく被害―

　1952年4月、日本は、敗戦後から続いていたGHQ（連合国軍総司令部）の占領から解放されて、独立した。GHQ時代の漁業区域の制限や漁船の大きさの規制がなくなり、戦後の食料不足を補うために、多数の漁船が太平洋に出漁していった。

　このころ、太平洋ではアメリカが核実験を行っていた。1952年9月からは実験場周辺の海域が立入禁止区域とされた。1953年5月には、翌年から始める水爆実験のために、関東地方の広さに匹敵するエニウェトク環礁とビキニ環礁を含む海域を立入禁止に指定し、各国に通告された。

　静岡県焼津市のマグロ漁船「第五福竜丸」は1954年3月1日、ビキニ環礁の東約160キロメートルの立入り禁止区域の外で操業中に「水爆ブラボー実験」のフォールアウトを浴びせられた。乗組員23人のほぼ全員がフォールアウトによる火傷を負い、脱毛などに見舞われた。乗組員たちは14日に帰港後、東大病院などで治療を受けた。

　同じ日、神奈川県三崎港に入港した2隻の漁船と取ったマグロからも放射線が検出見された。この結果、日本中に「原子マグロ騒動」が起きた。18日、厚生省（当時、現在は厚生労働省）は、静岡県の焼津や清水、神奈川県の三崎や東京築地と宮城県の塩釜の指定5港で漁船や取ったマグロなどの放射線検査を始めた（その後、新たに13港が追加された）。

　「第五福竜丸」やその他の漁船とマグロなどの放射線汚染をきっかけに、1954年5月、全国で水爆実験反対署名運動が始まった。9月に「第五福竜丸」の無線長の久保山愛吉が放射能症で亡くなると、反対署名はさらに広がった。

　18港で行われていた漁船とマグロなどの放射線検査は、1954年12月末に終了した。アメリカが、慰謝料として200万ドル（当時の金額で7億2000万円）を支払うことで日米が合意したからである。

　1954年3月から12月まで、放射性物質に汚染された日本の漁船は856隻（実際は992隻とされている）で、約486トンのマグロなどが廃棄処分された。

　しかし、放射性物質に汚染された漁船に乗っていた1万6000人から2万人と推定される乗組員の検査はほとんど行われなかった。無視された被ばく漁船員はその後、さまざまながんに見舞われた。被ばく漁船員の存在は1985年7月、高知県で幡多地区の高校生が主体となって活動している「幡多高校生ゼミナール」の調査で明らかになったが、「被爆者援護法」の対象ではないため今なお政府の支援は受けることができないでいる。

　アメリカは1956年と1958年にもビキニ環礁などで核実験を行ったが、それによる漁船の乗組員への影響は調べられなかった。

「第五福竜丸」は、1967年に廃船となり、ゴミの処分場であった東京都江東区の夢の島に打ち捨てられていた。保存運動が起こり、現在は「都立第五福竜丸展示館」に保存、展示されている（1994年4月撮影）

「第五福竜丸」のブリッジ（1994年4月撮影）

「第五福竜丸」のエンジン。「第五福竜丸」が廃船となったとき、エンジンは別な貨物船に移された。1968年、この貨物船は熊野灘で座礁・沈没したため、エンジンも28年間もの間、海底に沈んでいたが、市民の手で引き上げられ、各地で巡回・展示された。2000年1月から「都立第五福竜丸展示館」前の広場に展示されている。（三崎漁港魚市場前（三崎水産物地方卸売市場）、1998年3月撮影）

1950年代には、多くの漁船が遠洋漁業に出かけた。「第五福竜丸」もそうした漁船の1艘である。その多くは廃船となり、なかには風雨にさらされるまま放置されたものもある
（高知県土佐清水市、1987年2月撮影）

12　日本のビキニ被ばく漁船と乗組員　239

1954年3月から12月までにビキニ環礁とエニウェトク環礁で行われた水爆実験のフォールアウトによって汚染された魚が取れた場所。

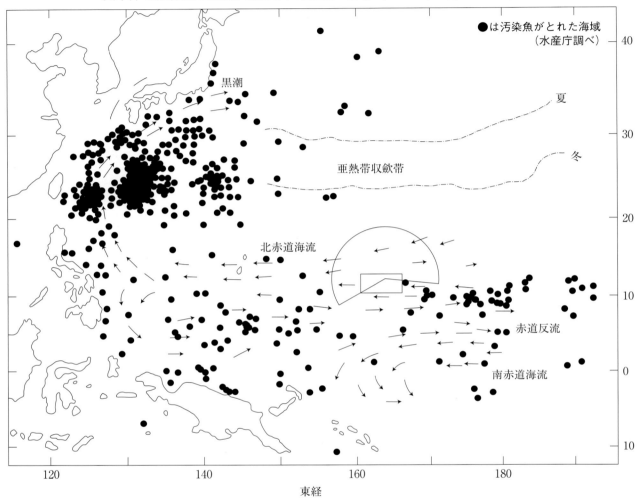

太平洋で放射能汚染魚が漁獲された位置の分布（1954年3月～12月）

●は汚染魚がとれた海域（水産庁調べ）

三宅泰雄・檜山義夫・草野信男 監修／第五福竜丸平和協会編『ビキニ水爆被災資料集』（東京大学出版会、1976年）より。

注）「水爆ブラボー実験」後の1954年3月19日、アメリカはビキニ環礁とエニウェトク環礁の中間地点を基点に、北に向かって半径約833キロメートルの扇形の範囲を立ち入り禁止区域として追加した。

「ビキニ環礁水爆実験被災30周年」の年、焼津市ではビキニデー(3月1日)に平和行進が行われた(1984年3月1日撮影)

見崎吉男

「水爆ブラボー実験」時の職業 ……「第五福竜丸」の漁労長
「水爆ブラボー実験」時の年齢 …… 28歳

《取材は1994年4月に静岡県焼津市で行った。写真はそのとき撮影した》

1954年1月22日に焼津港を出港後、2月7日からミッドウェー島海域で操業を始めた。その後、操業しながら移動して同17日ごろにマーシャル諸島東漁場と呼ばれる海域で操業を始め、同20日に本操業を終了した。その後、東漁場からの海流は西に向かってマーシャル諸島の北側を流れており、その帯状の海流を調査する目的で北緯10度付近を西に向かった。これはマーシャル諸島付近で取れるのはカツオが中心で、マグロは中型と小型と言われており、実際にどういう魚がいるのかを知ろうとしたからなんだ。こうした行動は、遠洋の漁師なら誰でもすることで、将来、より日本に近い新たな漁場を探るためであった。

つまり私たちが、「水爆ブラボー実験」が行われた3月1日、ビキニ環礁の東約160キロメートルの所ではえ縄を入れたのは、漁場調査のためだった。

アメリカが、マーシャル諸島で原爆実験を行っていることは知っていた。戦後すぐに、日本の軍艦などを標的にして原爆実験をやったことは知られていた。昭和28年（1953年）に（静岡県の）清水海上保安庁からブラウン環礁（現在、マーシャル諸島エニウェトク環礁）が原爆実験のため立入禁止区域になったことは、「第七事代丸（ことしろまる）」（1953年5月に「第五福竜丸」となる）に乗って出航する前に知らされていた。ブラウン環礁を中心に危険海域は、マーシャル諸島の海図に赤鉛筆で記した。

私は、昭和20年（1945年）3月に徴用され、佐賀県の唐津に配属されたが、8月に終戦となった。11月に船で故郷の焼津に帰る途中、山口県の沿岸の町に着くたびに、乗り降りする人々から「広島に新型爆弾が落とされて町が全滅した」と聞かされた。そのとき、人々から、爆発音をどのくらいの距離で聞いたか、どのくらいの距離で閃光やキノコ雲を見たかを聞き、ブラウン環礁で行われている核実験の原爆は広島に落とされたものより2〜3倍くらい大きいと考えた。その結果、ブラウン環礁から約150カイリ（約280キロメートル）以上離れていればよいと考えて、海図に危険区域を書き込んだ。

ビキニ環礁周辺の危険海域については、出港前に清水海上保安庁や焼津漁協のどちらからも何の知らせも受けていなかった。出港後も1日2回漁協と交信して船の位置や天候などを伝えていたが、この交信のなかでもビキニ環礁での原爆実験については何の情報も与えられなかった。ビキニ環礁の東約160キロメートルではえ縄を入れているときも無線には何の交信もなかった。英語の通信を聞いたこともなかった。

現地時間の3月1日午前4時、2つの大きなライトを煌々とつけて、はえ縄を入れた。満天、快晴で星が輝き、微風だった。

夜明けの10分ほど前の午前6時50分ころ、西の空に爆発を見た。最初はブラウン環礁での爆発かと思った。しかし方位を測ったらビキニ環礁の方角で、そこの火山が爆発したかと思った。しかしその直後に原爆実験ではないかと直感し、「しまった」という思いが体中に走った。閃光を見た後、アメリカ軍に発見され、沈没させられるかもしれないではないかと思い、その可能性が高いと感じた。北西の方向に向かってはえ縄を揚げ、揚げた後はほぼまっすぐ北に船の進路をとった。

午前10時ごろ、白い、異様な、小さな物体が雨に混じって飛んできた。30分ほど経ったころ、粉砕されたサンゴ礁の破片ではないかと推定した。ずっと放水をして破片を洗い流した。でも、そのすべてを洗い流すことはできないほどの量だった。

午後8時ごろ、体調の変化に気づいた。頭がボーっ

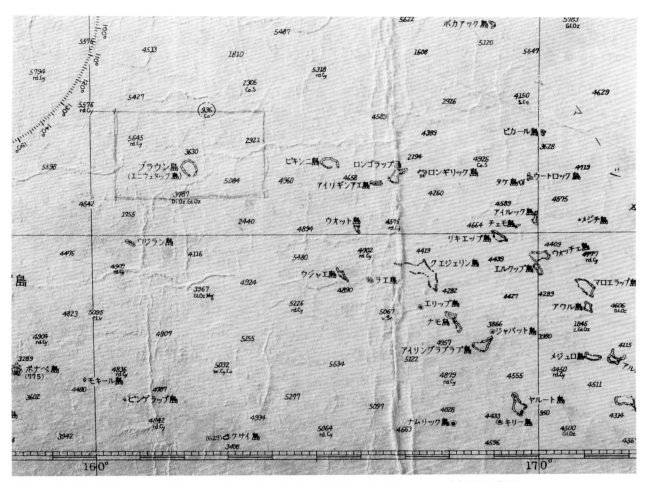

見崎さんが「第七事代丸」（「第五福竜丸」の以前の船名）に乗船したときに使っていたマーシャル諸島周辺の海図

として、方位計算も何度もやり直すほどだった。目がひどく痛み、2杯のバケツに真水を入れて、全員で目を洗った。3月10日ごろ、乗組員に脱毛が見られ、皮膚も黒く変色したので、困ったと思った。

3月14日午前5時、焼津港に入港した。すぐに船主、焼津漁協、清水海上保安庁などに起きたことを報告し、善後策を相談した。しかし、誰も私の報告を信じてくれなかった。

午前8時ごろ、協立焼津病院に行き、日曜日だったが当直の大井外科部長にことの子細を報告し、乗組員全員の健康診断を依頼した。全員の健康師団は午後1時から始められた。午後4時に再び訪れて角度を変えた精密検査を依頼すると、東大病院を紹介され、「3月1日にビキニ島付近でアメリカの原爆と思われる実験に遭った『第五福竜丸』乗組員」と書いた診断依頼書を書いてくれた。東大病院には機関長の山本忠司と操機手の増田祐一を送ることに決めた。東京行きの最終列車はすでに出てしまったので、翌日の朝一番で、缶詰の缶に入れたサンゴの破片を持って行ってもらうことにした。乗組員の病気と何か関係があるのではと思ったからである。

3月15日、午前5時の汽車で山本、増田の2人が東京に出発した。山本はその日のうちに東大病院の診断書を持って焼津に帰り、もう一度戻って東大病院に入院した。残りの者は協立焼津病院に入院した。

3月16日の『読売新聞』の記事は、直接乗組員から取材したものではない。私も含めて乗組員の誰もが取材を受けておらず、また聞きで書いたようだ。記事は漁師に対する誤解が多く、それは今なおぬぐいされていない。

「第五福竜丸」の無線長であった久保山愛吉さんの墓石の前で、久保山夫人のすずさん（1993年死去）とともに（1990年2月撮影）

　その後、乗組員全員は東大病院などに入院させられたが、入院のとき、医師から「3人くらいは（命が）危ないよ」と言われた。みんな心臓が強く、どんな検査や治療にも耐えられると思っていただけに、久保山さん（久保山愛吉、「第五福竜丸」無線長）が亡くなったときはショックだった。

岡野要次郎

「水爆ブラボー実験」時の職業 …… 「第十三光栄丸」の漁労長
「水爆ブラボー実験」時の年齢 …… 37歳

《取材は1987年5月に神奈川県三崎市で行った。写真はそのとき撮影した》

「水爆ブラボー実験」のときは、マーシャル諸島（北東部）のビカール環礁（ウトリック島住民に所有権があるが無人島）を見て、北緯9度1分、東経178度19分あたりで操業していた。閃光やきのこ雲は見ていない。

3月11日～12日（1954年）ごろ、ビカール環礁の東側を通って日本に帰る途中、日本からの無線で、船体、マストなどを洗うことを指示されたが、その理由は言われなかった。3月26日に三崎港（神奈川県）に帰港した。後で知ったことだが、「水爆ブラボー実験」に遭遇した漁船のなかで、私たちが乗っていた「第十三光栄丸」は、「第五福竜丸」の次に帰港した船となったようだった。それまで「第五福竜丸」のことは知らなかった。

元警察署の横の岸壁に係留したまま放射線の検査を受けた。時雨れて寒い日だった。検査は寝室まで行われた。一番高い線量の放射線が検出されたのはブリッジ付近だった。はえ縄の置き場や換気筒付近、衣類からも高い線量の放射線が検出された。布団や衣類などは消防署の人が持って行った。どこかで処分されたのだと思う。

漁は良好で、バチマグロがたくさん取れた。しかし、バチマグロ約90トンを含むすべての魚は廃棄処分となり、千葉県野島崎沖約300カイリ（約550キロメートル）の海に棄てた。多分、サメに食われただろう。

私も含めて乗組員全員の頭髪と爪、ベルトをしていたあたりから高い線量の放射線が検出されたので、国立久里浜病院（横須賀市野比）に4～5回くらい通って、血液や髪の毛、爪を取って検査された。乗組員の中に白血球の数が少ない者が2～3人いた。確か4000台だったと思う。医者は、「長い航海をしていたせいだ。心配することはない」と言った。

魚がすべて廃棄処分となって収入の道が途絶えたため、私たちは1954年5月1日に「訴え」とする声明文を作って配った。

声明文の反響はあった。三崎町（現在、三浦市）も水爆実験に反対していた。しかし、「第五福竜丸事件」があまりにも大きすぎたため、私たちは忘れられた。

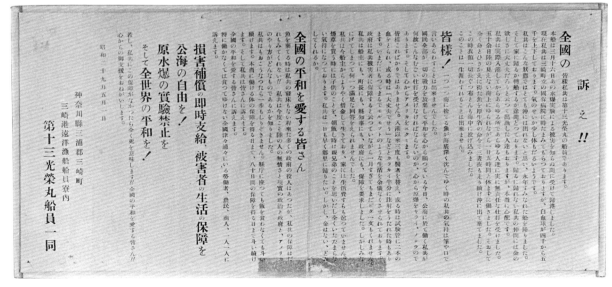

岡野さんたち「第十三光栄丸」の乗り組員みたちが配布した声明文「訴え!!」。「都立第五福竜丸展示館」に展示されている（1987年2月撮影）

久岡登

「水爆ブラボー実験」時の職業 …… 「第八順光丸」の船長
「水爆ブラボー実験」時の年齢 …… 27歳

《取材は1987年5月に神奈川県三崎市で行った。写真はそのとき撮影した》

　1月26日（1954年）に三崎港（神奈川県）を出港し、2月16日～3月6日ごろマーシャル諸島の東漁場で操業し、3月24日に三崎港に帰港した。このときは、私は航海士だった。操業中は何も見なかった。帰ってきてから「第五福竜丸」の話は聞いたが、検査は全くされなかった。
　3月29日にもう一度、三崎港から出航した。このときは船長として乗船した。4月19日から5月16日ころまで東経173度～170度付近で操業した（マーシャル諸島のウトリック環礁とアイルック環礁の東側。この期間、「キャッスル作戦の3回目、4回目、5回目の水爆実験がビキニ環礁で行われた」）。操業中、白っぽい光を見たことと、灰が降ってきたことは覚えている。はえ縄を入れた後は見張りの1人を残してみんな寝てしまう。だから、はえ縄を揚げているときに白っぽい光を見たように思う。
　帰る前に日本から無線が入り、船体を洗えと言ってきたのでタワシでマストや煙突を洗った。
　5月19日に三崎港に帰港した。マグロの放射線汚染で大騒ぎになっていて、私たちは全員が放射線検査を受けた。船も調べられ、煙突付近からひどい汚染が見つかった。取った魚は船から降ろしたが、金にはならなかった。同20日に東京の築地港に回航し、22日に入港した。岸壁に着くと、消防艇が2隻やってきて海からホースで水をかけて、船全体を洗った。その間、私は岸壁でNHKの記者の取材を受けていた。
　もう一度乗組員の検査が行われ、担当者から「毛が抜けるかもしれない」と言われたが、全員、健康に問題はなった。
　船は、その後、横浜のドッグに入れて修理した。放射線による汚染があるとして誰も手伝ってくれず、船主と私の2人で修理した。船主と2人で手袋をはめて、高い線量の放射線が検出された煙突をはずし、ドッグの近くの海に棄てた。
　私が船長として乗船した「第八順光丸」の乗組員24人のうち、6人が亡くなっている。うち1人は急性白血病で亡くなったと聞いた。

崎山秀雄

「水爆ブラボー実験」時の職業 ……「第二幸成丸」船長
「水爆ブラボー実験」時の年齢 …… 29歳

《取材は1987年2月に高知県室戸市で行った。
写真はそのとき撮影した》

　2月24日（1954年）に神奈川県の浦賀港を出港した。乗組員は25人だった。操業する海域は北緯7〜10度、東経176度から177度あたり（マーシャル諸島ナモリック環礁付近）と決めていた。その海域で3月10日から4月1日ごろまで操業した。閃光を見た記憶はない。
　通常、マーシャル諸島では北東から風が吹くので、はえ縄を入れるときは船の舳先（へさき）を東に向けるため、西の方角で核実験が行われても気づかない。4月2日に操業を終えて帰る途中、ビキニ環礁周辺が危険海域に指定されたと無線で聞いた。
　4月15日に浦賀港に帰港したが、その日のうちに築地港に回航した。そのとき初めて「第五福竜丸事件」を知った。築地に入港する前に船体をよく洗ったが、ブリッジのサーチライトのカバーから高い線量の放射線が検出された。その後、浦賀港に戻ったが、再び船の放射線検査を受け、ブリッジのサーチライトのカバーからも高い線量の放射線が検出された。よく洗ったはずだったが……。
　この漁の漁獲量は約55トン、船一杯だった。魚もよく洗ったが、約5分の1が不適格だった。不適格の魚をどうしたかは覚えていない。
　その後、室戸港に回航した。しばらく後、室戸小学校で水爆実験反対集会が開かれて1000人ほどが集まった。
　「第二幸成丸」の乗組員のうち5人が亡くなっている。

林 登

「水爆ブラボー実験」時の職業 …… 「第十一高知丸」の甲板員
「水爆ブラボー実験」時の年齢 …… 31歳

《取材は1987年2月に高知県土佐清水市で行った。写真はそのとき撮影した》

2月20日か21日（1954年）に神奈川県の浦賀港を出港した。乗組員は24人。操業海域は北緯7度、東経172度〜174度くらいの海域で、キハダマグロがよく取れる所である。

3月1日は操業海域に向かっている途中で、甲板員のナカムラアキラと2人で当直をしていた。午前6時ごろだった。水平線から少し上の所で、突然、暗闇に赤と紫の混じったような色が光った。稲妻みたいで、光ったのは5秒間ほどだった。甲板員のナカムラにむかって「南方の稲妻やんけ」と言った。その後、稲妻はまんまるとなり、花火のように広がった。あたりは昼のように明るくなった。まるで、遠くから大きな花火を見ているようだった。船長が「夜が明けた」と言った後、それは急にしぼんでいった。それから2日後、操業を開始した。灰が降ってきたという覚えはない。海面にも異常は見られなかった。

それから4週間くらいたって（3月26日に「キャッスル作戦」の2回目の水爆実験が行われた）、哨戒機が飛んできて発火信号を発した。無線士は「コースをゼロ（北の方角）にとって全速で航行せよ」と読み取った。しばらく後、南の方角から軍艦（巡洋艦よりやや小さい）がやってきて同じように信号を送ってきた。停船命令だった。はえ縄を上げた後にボートがやってきた。私は漁労長と2人でそのボートに乗って軍艦の事務室に行った。そこには少し日本語を話せる白人の兵士がいて、「危険を及ぼすので進路を北にとって全速で航行しなさい」と言った。しかし、なぜそうしなければならないかの説明はなかったが。

3月末ごろ浦賀港に帰港したが、その後、築地港に回航した。放射線検査で、マストとから高い線量の放射線が検出された。私の口の中からも少し高い線量の放射線が検出された。

漁獲は80パーセントくらいで、すべてが不適格とされた。厚生省（現在、厚生労働省）は不適格な魚をどこに、どのように棄てろとは言わなかった。浦賀港に戻り、最初は久里浜の浜に穴を掘って埋めようとしたが近所から文句を言われたので止めた。次に、浦賀の叶神社から鴨居に向かう途中の防空壕に砂をたくさん入れて埋めた。しかし、リンが出たために大騒ぎになったので掘り出し、ガソリンをかけて燃やした。

ボートでいっしょに軍艦の事務室に行った漁労長は、1983年に白血病のような病気で亡くなった。

12　日本のビキニ被ばく漁船と乗組員

被ばく漁船と乗組み員の
実態解明に取り組んだ高校生たち

　1954年、アメリカによるビキニ環礁での水爆実験などの核実験によって、被ばくさせられた日本の漁船は記録されているだけで856隻にのぼる。しかし長い間、「第五福竜丸」以外の被ばく漁船やその乗組員の被害状況は明らかではなかった。また856隻に含まれていない漁船や貨物船などの被ばく船もある。そこに光を当て、その実態を明らかにしよう取り組んだのが、高知県で高校生たちが主体となって活動している「幡多高校生ゼミナール」（「幡多ゼミ」）である。「幡多ゼミ」は高校教師だった山下正寿さんたちによって1983年に結成された。

　幡多ゼミのメンバーたちは1985年から被ばく漁船の元船員の聞き取りなど地道な調査を行い、被ばくを受けた漁船の状況や乗組員に対する被害を明らかにした。

被ばく船の元船員への聞き取り調査の様子
（土佐清水市で、1985年撮影、撮影者：奈路広、写真提供：幡多高校生ゼミナール・山下正寿）

沖縄での被ばく船調査
（沖縄糸満漁港、1997年8月撮影、写真提供：幡多高校生ゼミナール・山下正寿）

13 年表

　ヒバクシャは、アメリカによる広島、長崎への原爆投下による被害者のみではなく、核開発にかかわる過程、ウラン鉱石の採掘、精錬と核物質の製造、核兵器製造と核爆発実験、核燃料製造と原子力発電、使用済み核燃料の再処理、核廃棄物の処理・投棄など全ての過程で生みだされる。核開発の歴史はヒバクシャの歴史でもある。

　本年表でヒバクシャの歴史の基点をマンハッタン計画の開始時としたのは、国家による核開発が始まった時であり、多数のヒバクシャが生みだされ始めたときだからである。しかし、核兵器・核燃料の原料となるウランはそれ以前から陶磁器の上薬用などに採掘されており、放射線との関係は不明のまま多数の採掘労働者が亡くなっていた。ヒバクシャは一世紀以上にわたって生みだされ続けているといえる。

　この年表に記したヒバクシャは現在明らかとなっている一部であり、世界のヒバクシャの実態は多くが隠され、知られていない。ほとんどのヒバクシャはいまなお認知も補償もされず、無権利の状態で見棄てられている。

1942年8月13日	1942.8.13　アメリカ、原爆製造計画（マンハッタン計画）を開始。原爆製造のためのウラン鉱石は、カナダ北部（現ノースウエスト準州）グレイト・ベア湖、アメリカ南西部コロラド台地、ベルギー領コンゴ（現コンゴ民主共和国）の3か所で採掘。ウランの危険性は隠されたままで、これらの地域では多数の採掘労働者や鉱山周辺住民が肺がんや呼吸器疾患で死亡。
1945年7月16日	1945.7.16　アメリカ、ニューメキシコ州アラモゴードの砂漠で世界初の原爆トリニティの爆発実験。爆心地の東約150kmのアリゾナ州カリソッソの牧場の牛の皮膚に白斑、その後死亡。ニューヨーク州ロチェスターのイーストマン・コダック社でX線フイルムが感光。死の灰（核分裂生成物）降下による最初の被害。
1945年8月6日	1945.8.6　アメリカ、広島に原爆リトル・ボーイ（ウラニウム型、15±3kt）を投下。日本人約34万～35万名、朝鮮半島出身者約5万名（韓国原爆被害者協会による）、強制連行された中国人、アジアからの留学生、アメリカ人捕虜など外国人多数被爆。12月末判明の日本人死者9万～12万名。
1945年8月9日	1945.8.9　アメリカ、長崎に原爆ファット・マン（プルトニウム型、21±2kt）を投下。日本人約27万名、朝鮮半島出身者約2万名（韓国原爆被害者協会による）、外国人捕虜（ジャワ島、アメリカ、イギリス、オランダ他）など外国人多数被爆。12月末判明の日本人死者6-7万名。
1945年9月14日	1945.9.14　日本、文部省学術研究会議が原爆災害調査特別委員会を設置。9科会、委員長は林春雄（学術研究会議会長）。53年5月5日、『原子爆弾災害調査報告書』公表。
1945年12月20日	1946.12.20　アメリカ国防省、核実験場としてマーシャル諸島ビキニ環礁を勧告。翌年1月10日、トルーマン大統領承認。
1946年1月24日	1946.1.24　国連第1回総会、原子力国際管理のための原子力委員会設置を決議。核兵器削減を提唱。
1946年3月7日	1946.3.7　マーシャル諸島のビキニ環礁住民167人、約230km東のロンゲリック環礁の島に強制移住。「核実験は世界の戦争を終らせるため」と説明される。
1946年7月1日	1946.7.1　アメリカ、ビキニ環礁で「クロスローズ作戦」と名づけた戦後初の原爆爆発実験。25日、2回目実施。実験に参加した兵士や科学者、核技術者など4万2000人が被ばく。2回目の水中爆発実験の放射性物質によりビキニ環礁全域の島々が著しく汚染され、8月10日に3回目の実験中止を決定。
1946年8月1日	1946.8.1　アメリカ・トールマン大統領、核の民生および軍事利用に関する基本法となる原子力法に署名。47年1月1日、施行。法案を受け原子力委員会（AEC）が発足、核開発の権限は軍から民政に移管。
1947年6月	1947.6.-　「原子力科学者会報」6月号、「終末時計（Doomsday　Clock）」を表紙に掲載開始。同誌はマンハッタン計画参加の2人の科学者が核兵器脅威への警鐘を目的に1945年12月創刊。「終末時計」は核戦争などによる人類の絶滅を午前0時と設定、それまでの残り時間を示す。毎年、委員会で、人類滅亡の危機を判断して決定。1989年10月からは気候変動、環境破壊なども考慮。2019年1月の表示は2分前、核兵器と気候変動の脅威、民主主義を弱体化させる情報戦争の増加などによる。
1947年7月18日	1947.7.18　「旧日本委任統治諸島に関する信託統治協定」発効。マーシャル諸島を含むミクロネシア、アメリカを唯一の施政権国とする信託統治領となる。国連憲章下の信託統治協定は「信託地域住民の政治的、経済的、社会的進歩を促進し、自治または独立にむけて発達を促す」（憲章第12章）とされるが、アメリカは憲章第82条「信託統治地域の一部または全部を含む、戦略地区を指定できる」を適用、ミクロネシアを戦略的信託統治領と位置付け、信託統治協定第13条で「安全保障上の理由から閉鎖区を設定できる」を適用して、12月2日、マーシャル諸島エニウェトク環礁をアメリカの恒常的な太平洋実験場とする。
1947年12月21日	1947.12.21　マーシャル諸島のエニウェトク環礁（ビキニ環礁の西約350km）がアメリカの核爆発実験場に選ばれ、住民136人が約200km南西のウジェラン島に移住させられる。
1948年3月14日	1948.3.14　故郷の東約230kmのロンゲリック環礁の島に移住させられていたビキニ島住民、食料不足で飢えに苦しみ、アメリカ軍基地があるクワジェレン島に移住させられる。12月2日には故郷から770kmのキリ島に再移住させられる。
1948年4～5月	1948.4～5　アメリカ、エニウェトク環礁で3回の原爆爆発実験実施。

1949年8月29日	1949.8.29　ソ連、カザフ共和国セミパラチンスク実験場で最初の原爆爆発実験。周辺住民への告知、避難措置なし。風下106kmのドロン村に局所的フォールアウト（放射性物質を大量に含んだ空気のかたまり）、住人1500名が被ばく。
1949年12月2日	1949.12.2　アメリカ、ワシントン州の核兵器用プルトニウム生産施設ハンフォード核施設群で、グリーン・ラン（プルトニウム生産効率向上のため燃料棒冷却期間を5分の1に短縮して取り出す）実験実施。放射性ヨウ素など（11,000キュリー）を大気へ放出。ハンフォードでは44年の稼働開始から13年間で53万キュリーの放射性ヨウ素を放出、67万8000キュリーの放射性廃棄物を地中に廃棄。風下地域の住民は27万人、穀倉地帯の汚染、住民の甲状腺障害を生む。
1950年1月31日	1950.1.31　アメリカ・トルーマン大統領、水爆開発を指令。4日後、マンハッタン計画に参加した物理学者12人が水爆製造反対を声明。
1950年3月19日	1950.3.19　平和擁護世界大会常任委員会、「ストックホルム・アッピール」発表。(1) 原子兵器の無条件使用禁止、(2) 原子兵器禁止のための厳格な国際管理の実現などを求める。原子兵器禁止の署名、世界で5億人を集める。
1951年1月27日	1951.1.27　アメリカ、ネバダ実験場で核爆発実験を開始。11月1日、原子戦争の準備として爆発実験に兵士約6500人を動員。以後計13回以上の軍事演習実施。ネバダでは、84年末までに635回の核実験実施（大気圏実験は63年8月の部分的核実験禁止条約締結まで124回）。多数の被ばく兵士と共にネバダ実験場風下地域のネバダ州、ユタ州南部とアリゾナ州南西部に多数の被ばく住民が生みだされる。
1951年12月29日	1951.12.29　アメリカ、世界初の原子力発電（アイダホ・フォールズの国立原子炉実験場）に成功。
1952年10月3日	1952.10.3　イギリス、西オーストラリアのモンテ・ベロ諸島で最初の原爆爆発実験（プルトニウム型、25kt）。56年までに計3回の核実験実施。イギリス、オーストラリアの兵士が被ばく。
1952年11月1日	1952.11.1　アメリカ、エニウェトク環礁で世界初の水爆（マイク：10.4Mt）爆発実験。死の灰は西と東に流れ、ウジェラン環礁に移住していたエニウェトク環礁住民などマーシャル諸島全域の人々が被害を受ける。58年までに3回の水爆実験実施。1990年〜'91年、アメリカ医療文化人類学者グレン・アルカレイの聞き取り調査により、水爆マイク爆発実験以降の死・流産多発が明らかに。
1953年3〜4月	1953.3〜4　ネバダ実験場での原爆爆発実後、ネバダ州北部で放牧していた羊400頭が変死。1955年、羊を失った牧場主は政府に対して損害賠償請求訴訟をおこすが、アメリカ連邦地裁は1956年秋に2回の審理を開き、「羊の変死は気候の変動が原因である」として訴えを退ける。
1953年8月12日	1953.8.12　ソ連、セミパラチンスク実験場で最初の水爆（ブースト型、400kt）爆発実験。実験直前に住民の避難方向に風向きが変わるも予定通り実施。セミパラチンスク実験場の計456回（うち大気圏111回）の実験で、避難命令は1回のみ。実験場周辺の被害者数についての信頼できる推計なし（50万人、120万人など）。
1953年10〜11月	1953.10〜11　イギリス、オーストラリア中央部グレイト・ビクトリア砂漠のイミューで2回の原爆爆発実験、先住民族アボリジニの人々を被ばくさせる。11月には南部にあるマラリンガでも核爆発実験（以後1957年10月までオーストラリアでは合計12回の核爆発実験）。
1953年12月8日	1953.12.8　アメリカ、アイゼンハワー大統領、国連総会に「平和のための原子力」を提案。
1954年3〜5月	1954.3〜5　アメリカ、「キャッスル作戦」と名づけた核爆発実験をビキニ環礁、エニウェトク環礁で実施。3月1日に「水爆ブラボー」(15Mt)を爆発実験。威力は広島型原爆（15kt）の1000倍。核分裂生成物とサンゴ礁の混じる白色粉末（死の灰）は東に流れ、爆心地の東約160kmで操業中の日本のマグロ漁船「第五福竜丸」乗組員23人、約180km東のロンゲラップ環礁住民86人（うち胎児が4人）、約230km東のロンゲリック環礁で気象観測を行っていたアメリカ兵28人、約470km東のウトリック環礁住民166人（うち胎児が9人）に降下。爆発から2〜3日後、アメリカはロンゲラップ、ウトリック環礁住民を避難させたが、さらに南東にあって死の灰をあびたリキエップ、アイルック、ウォッジェ環礁とメジット島住民などは避難させず。「キャッスル作戦」は5月まで継続、計6回の核爆発実験が行われる。うち5回が水爆実験で、マーシャル諸島全域の人々が被ばく。

1954年3月8日	1954.3.8　ロングラップ島の被ばく住民などを使った「プロジェクト4.1研究」（正式名：高爆発威力兵器の放射性降下物によるガンマ線およびベータ線被曝した人間の反応研究）、避難先のクワジェレン島で開始される。プロジェクトは1953年11月にアメリカ原子力委員会（AEC）生物医学局、海軍放射線防護研究所（NRDL）、海軍医療研究所（NMRI）、軍特殊武器プロジェクト（AFSWP）と国防総省（DOD）により設立。
1954年3月14日	1954.3.14　ビキニ環礁で被災のマグロ漁船「第五福竜丸」が焼津に帰港。16日、読売新聞が乗組員の被災をスクープ報道。17日から専門家による調査開始、船体やマグロから大量の放射線検出。船員23人は東京に移され入院。水産庁、3月1日の水爆実験以降ビキニ海域を通過した漁船の検査を義務付け、放射能汚染の「原爆マグロ」を大量に廃棄。
1954年4月3日	1954.4.23　日本学術会議、国会で原子力予算が通過したことを受け、「原子力の研究と利用に関し公開、民主、自主の原則を要求する声明」発表。
1954年4月20日	1954.4.20　「マーシャル諸島住民より太平洋諸島に関する申立書－われわれの故郷の島々における致死的兵器の爆発に関する申し立て」、マーシャル諸島の裁判官、教育長と教職員、医師、企業家と100人の住民の署名で国連信託統治理事会に提出される。国連による請願書公表は5月14日、キャッスル作戦（3月1日開始）の最終実験日。
1954年5月9日	1954.5.9　「第五福竜丸」の被災により日本中に"原子マグロ"騒動がおきたことを契機に、水爆禁止署名運動杉並協議会が発足。.8月8日、東京で「原水爆禁止署名運動全国協議会」結成。同年12月16日までの原水禁署名数約2,008万人。
1954年5月30日	1954.5.30　マーシャル諸島ウトリック島住民、「死の灰による被ばく放射線量は低く、後遺的影響はない」として故郷の島に帰される。
1954年9月14日	1954.9.14　ソ連、米のドロップショット計画（原爆300発でソ連100都市を攻撃する）に備え、オレンブルグ州郊外トーツキで核使用軍事演習実施。原爆（20kt）を300～500m上空から投下後、兵士4万5千人が爆心へ突進。後に大部分の参加兵が被ばく死と、89年10月21日のソ連紙が報道。
1954年9月30日	1954.9.30　ビキニ環礁で操業中に被ばくした「第五福竜丸」無線長・久保山愛吉、放射能症により死去。
1954年11月15日	1954.11.15～19.　日米の21人の科学者による「放射性物質の影響と利用に関する日米会議」が東京の日本学術会議で開催される。放射能の測定法の基準化、人体に対する放射線の最大許容量、放射能汚染の除染方法などについて話し合われる。許容量は"がまん量"という批判があがった。
1954年12月31日	1954.12.31　厚生省、5月中旬より清水、焼津、三崎、東京、塩竈の指定5港と長崎、鹿児島、高知、室戸、神戸、大阪など指定外13港で行っていた遠洋漁船の船体と漁獲の放射線調査を打ち切る。被災漁船は合計856隻とされたが、乗組員（推定16000人）は健康調査を行われないまま放置される。
1955年1月4日	1955.1.4　アメリカ、日本に対してビキニ水爆実験被災の見舞金として200万ドル（当時の金額で7億2000万円）を支払うとする交換公文書に署名。損害は600万ドルと評価されていた。
1955年7月9日	1955.7.9　「ラッセル・アインシュタイン宣言」が発表される。水爆が人類の絶滅をもたらす可能性を警告、科学者会議開催を呼びかける。
1955年8月6日	1955.8.6　被爆10周年の広島で「第1回原水爆禁止世界大会」開催。最終日に、この日までの原水爆禁止の署名が3216万709人と発表。
1955年9月21日	1955.9.21　ソ連、北極圏にあるノバヤ・ゼムリャ島の東のバレンツ海で最初の水中原爆実験（25Kt）。1957年夏、ノバヤ・ゼムリャ島を核実験場に選び、約500人の先住民族ネネツの人々を対岸のアルハンゲリスクに移動させる。ノバヤ・ゼムリャ島実験場では1957年9月24日から1962年12月25日まで大気圏内核実験を87回実施。1961年10月30日に世界最大の水爆実験（58Mt）を同島の上空で実施。1964年から1990年まで地下核実験を42回実施し、合計で132回の核実験を行う。また、1963年から1986年まで、ノバヤ・ゼムリャ島の東海岸とカラ海を核廃棄物の国営処理場として未処理の放射性溶液や使用済み核燃料、原子力砕氷船の原子炉などを投棄する。1991年のグリーンピース主催のセミナーで核廃棄物の未処理投棄とノバヤ・ゼムリャ島の対岸に住む住民に喉頭がんが多発していることが明らかにされる。

1955年12月3日	1955.12.3　国連総会、国連総会直属の委員会として「原子放射線の影響に関する国連科学委員会」(UNSCEAR) 設立案を可決。21カ国が加盟、ICRP（国際放射線防護委員会）勧告に基礎データを提供。
1956年8月10日	1956.8.10　長崎で開催の「第2回原水爆禁止世界大会」2日目、「原水爆被害者団体協議会」(日本被団協) が結成される。「原爆被害者援護法要綱」を策定、原爆被害者への対策を国に迫る。
1956年10月23日	1956.10.23　国連総会、IAEA（国際原子力機関）憲章草案を採択。26日には70カ国が憲章草案に署名。翌年7月29日発効。
1956年11月	1956.11.-　ビキニ環礁住民、アメリカのビキニ環礁使用権を認める協定締結。キリ島などの使用権、2万5000ドルの現金と30万ドルの信託基金が与えられる。
1957年3月31日	1957.3.31　「原子爆弾被爆者の医療等に関する法律（原爆医療法）」公布、被爆者健康手帳を取得した者が被爆者とされる。当初、第五福竜丸乗組員など被災漁船の乗組員や近い将来開始される原子力発電による被ばく労働者も対象にすべきとする内容であったが、最終的に両者は同法の対象外とされる。
1957年5月15日	1957.5.15　イギリス、最初の水爆実験（メガトン級の性能、高度3万フィートから投下）をクリスマス島で実施。オーストラリア本土での実験に批判が高まったため。58年までにクリスマス島で計6回、モールデン島で3回の大気圏内実験実施。52〜58年にオーストラリアとクリスマス、モールデン島で行った21回の核実験ではイギリス兵2万4000人、オーストラリア兵1万人、ニュージーランド兵、フィジー島出身兵、クリスマス島住民らが被ばくする。英兵士150人以上が白血病・がんで死亡、と83年1月9日「ジ・オブザーバー」紙が報道。
1957年6月29日	1957.6.29　水爆ブラボー実験の死の灰をあびたロングラップ島住民、3年余りの隔離生活の後に死の灰が残留する故郷の島に戻される。同島住民で水爆実験時にマーシャル諸島の他の島に住んでいた165人も共に帰される。死の灰が残る島で被ばく住民（85人）と非被ばく住民（165人）を使った新たな放射能生態学実験が始まる。
1957年7月7日	1957.7.7　ラッセル・アインシュタイン宣言を受け、カナダ・ノバスコティア州パグウォッシュで「科学と国際問題に関する会議」(パグウォッシュ会議) 開催。日本の物理学者湯川秀樹ら10カ国22人の科学者が声明、核兵器の脅威と科学者の社会的責任を強調。以後冷戦時代を含め毎年開催。2015年11月1〜5日、「被爆70年—核なき世界、戦争の廃絶、人間性の回復をめざして」をテーマに長崎大学で第61回パグウォッシュ会議開催。20カ国、約5400人が参加。
1957年9月29日	1957.9.29　ソ連、ウラル山脈の東側にあるプルトニウム生産施設群チャリアビンスク40（マヤーク核施設）で核廃棄物貯蔵施設が爆発事故。ウラル東部地域およそ1000平方kmが放射能に汚染され、10日間で1100人、その後の1年半で1万人の住民が強制移住。住民約26万人、事故処理にあたった関係者3万人近くが被ばく。ソ連政府は事故を秘匿、89年6月16日に公式に認めて報告書をIAEAに提出。
1957年10月10日	1957.10.10　イギリス・ウィンズスケールの軍事用プルトニウム生産炉で火災事故。ウラン燃料（ウラン8t）と黒鉛が燃焼、注水で鎮火するが2万キュリーの放射性ヨウ素、セシウム137を帯びた水蒸気が大気中に放出され、広く欧州を汚染。3カ月間牛乳の出荷が停止される。マクミラン首相、事故の報告書に政府機密30年法を適用（全文公開は1992年）。
1958年8月18日	1958.8.18　アメリカ、マーシャル諸島での核爆発実験を終了。1946年から58年まで、ビキニ環礁で23回、エニウェトク環礁で44回の合計67回、総爆発威力は約108Mt（広島型原爆の約7200発分）に達する。
1960年	1960.-　米・ニューメキシコ州のRed Rock Chapterで、ウラン鉱山で働いていた夫を亡くしたナバホの未亡人たちによる集会が始まる。運動は雪だるま式に大きくなり、1990年の「放射線被ばく者補償法」(RECA) につながる。
1960年2月13日	1960.2.13　フランス、アルジェリアのサハラ砂漠で最初の原爆発実験。世界で4番目の核保有国に。以後1966年2月までに17回の核爆発実験（うち大気圏内4回）実施。フランス兵と地元アルジェリアの住民、遊牧民（トアレグ族）に被害を与える。
1962年1月3日	1962.1.3　イギリス、ネバダ実験場でアメリカと初の共同地下核爆発実験実施。以後、イギリスはネバダ実験場で核爆発実験（23回）。
1962年4〜12月	1962.4〜12　アメリカ、クリスマス島で24回、ジョンストン島で14回の核爆発実験。

1963年3月	1963.3　水爆ブラボー実験の死の灰をあびたロングラップ島住民を1954年以来検診していたアメリカ医師団、住民の間に甲状腺障害を発見。以降、被ばく住民の間に甲状腺障害が恒常的に現れる。
1963年8月5日	1963.8.5　アメリカ、ソ連、イギリスの3国、「部分的核実験禁止条約（PTBT）」に署名。大気圏・水中での核爆発実験停止、以後地下で行われることに。フランスは署名を拒否、大気圏内核実験を続ける。
1964年10月16日	1964.10.16　中国、新疆ウイグル自治区のロプ・ノール実験場で最初の核爆発実験、5番目の核保有国に。67年6月17日には初の水爆実験。96年までに45回（大気圏25回、地下20回）の核実験。実験場周辺住民の健康への影響について中国政府は明らかにしていない。1998年にイギリスTV局チャンネル4のドキュメンタリー番組、入手した中国医学会内部の秘密資料を基に、新疆で1970年頃から白血病、悪性リンパ腫、肺がんが増加、1990年には発がん率が中国本土の1.35倍と報道。
1965年5月4日	1965.5.4　日本で最初の商業用原発「東海第一」原発が臨界に達する。7月27日から連続送電開始、東電を通じて一般家庭へ。
1966年7月2日	1966.7.2　フランス、アルジェリア独立に伴いポリネシアのモルロア環礁（タヒチ島の南東約1200km）で、19日には隣接するファンガタウファ環礁で核爆発実験を開始。64年2月8日に無住の環礁をフランス領としていたもの。9月11日の実験では、強い放射性物質を含む雨がトンガに降り注ぐ。68年8月24日には初の水爆実験。66年から74年まで大気圏内核実験は計44回。73年にはニュージーランドなどが実験停止を求めて国際司法裁判所に提訴。
1968年1月21日	1968.1.21　米B52爆撃機、グリーンランド・チューレ基地付近に墜落、核爆弾4発飛散。86年、デンマークNGO「原子力情報組織」による調査で事故処理員98名にがん疾患、500名以上に健康問題と判明。デンマーク疫学研究所の調査は作業員のがん罹患率が50％高いと報告、被ばくが原因とはせず。95年11月、デンマーク政府が作業者1700人に一人当たり5万DKK（デンマーク・クローネ）の補償金支払い。
1968年5月20日	1968.5.20　日本、「原子爆弾被爆者に対する特別措置に関する法律（原爆特別措置法）」公布。9月1日、施行。治療費以外に、特別の状態にある被爆者に諸手当を支給。
1968年8月12日	1968.8.12　アメリカ・ジョンソン大統領、ビキニ環礁の島々の放射線量が減ったとして"ビキニ安全宣言"を発表。翌69年より、キリ島に移住していた一部住民が帰郷するなか、アメリカ兵によって残留する放射性物質を取り除く除染作業が開始され、家屋の建設などが始まる。
1969年5月11日	1969.5.11　アメリカ・コロラド州のロッキーフラッツ核工場で火災。プルトニウム2000kg燃焼、大部分が外部放出。78年、デンバーで肺がん罹患率と先天異常による死亡率が2倍、白血病が3倍に。風下4郡でがん罹患率が44-92％増加。
1970年3月5日	1970.3.5　「核拡散防止条約（NPT）」発効。アメリカ、ロシア、イギリス、フランス、中国の5カ国以外の核兵器の保有を禁止。核保有国は核兵器の削減に努め、他国への譲渡を禁止。
1971年12月	1971.12　医師を含む原水爆禁止日本国民会議（原水禁）の代表団が初めてマーシャル諸島を訪れ、マジュロ島に住むロンゲラップ島の被ばく住民の聞き取り調査実施。マーシャル諸島出身のミクロネシア下院議員アタジ・バロスが71年8月の原水禁世界大会に参加、日本人医師の派遣を求めたもの。ロンゲラップ入島・現地調査は米国に拒否される。
1972年8月	1972.8.-　「水爆ブラボー実験」の死の灰をあびたロンゲラップ環礁の元村長ジョン・アンジャインが初めて来日し、原水禁主催の原水爆禁止世界大会に参加。
1972年11月13日	1972.11.13　国際海事機関、「廃棄物その他の物の投棄による海洋汚染の防止に関する条約」（ロンドン海洋投棄条約）採択。1975年8月30日、発効。高レベル放射性廃棄物投棄を禁止するものの、低レベル放射性廃棄物は各国家が申請に基づいて個別に許可。
1972年11月15日	1972.11.15　ロンゲラップ元村長ジョン・アンジャインの4男で、1歳の時に死の灰をあびたレコジが急性骨髄性白血病のためアメリカの病院で死去。レコジの死をアメリカは"人類の水爆死1号"とよぶ。
1974年5月18日	1974.5.18　インド、ラジャスタン州タール砂漠の地下で最初の核爆発実験実施。

1975年4月	1975.4.- フィジー島のスパで「第1回非核太平洋会議」開催、「太平洋非核地帯条約」が起草される。12月、南太平洋フォーラム共同提案の「南太平洋における非核兵器地帯の設立」、国連総会で採択。
1977年2月	1977.2 ネバダ原爆軍事演習（57年8月31日）に参加した元陸軍兵士ポール・クーパー、ソルトレイク市の復員軍人病院で白血病と診断され、メディアに核実験が原因と訴える。復員局に傷病補償を請求、4月より月額820ドルを受給。原爆演習に参加した復員軍人に対する最初の補償。翌年2月8日死亡。
1977年11月	1977.11 アメリカ疫学者マンキューソ、ハンフォード核工場の被ばく労働者2万8000人のうち死亡記録の確実な3,520名について調査し、放射線のリスクはICRP（国際放射線防護委員会）等の評価の約10倍と報告。基準以下の被ばくでもがんの罹患率が5％上昇。
1978年2〜9月	1978.2〜9 クーパー事件を契機にアメリカ国防総省核防衛局（DOD/DNA）、大気圏内核爆発実験に参加した30万人の兵士のうち約25万人を追跡調査。がん罹患が2478人、その他の身体異常が6153人と発表。
1978年5月	1978.5.- 国連で「国連軍縮特別総会」（SSD-I）開催。世界各地から集まった約100万人がニューヨーク市内をデモ行進。国連軍縮特別総会は1982年6月にSSD-II、1988年5月にはSSD-IIIを開催、参加者たちはニューヨーク市内をデモ行進。
1978年7月12日	1978.7.12 「ミクロネシア連邦憲法」に対する住民投票、北マリアナ諸島を除くミクロネシア全域で実施。第13条第2節に「管轄地域内における放射性物質、有害化学物質等の実験、貯蔵、使用、処理を禁止（非核条項）」と規定。パラオとマーシャル諸島住民は拒否、ヤップ、トラック、ポナペとコスラエ地区が賛成して翌79年5月に発効。79年、マーシャル諸島は憲法を制定、自治政府「マーシャル諸島共和国」を発足。パラオは79年制定の憲法で、「核、化学兵器、原発廃棄物の使用、実験、貯蔵、処分に住民投票で4分の3以上の承認要」と規定。アメリカとの対立で、1992年に2分の1に改正。1994年にパラオ共和国として独立。
1978年8月31日	1978.8.31 アメリカの"ビキニ安全宣言"を信じて帰郷していたビキニ島住民139人の体内放射能量が上がり、全員がキリ島に戻される。島内産のヤシの実などを食べたことが原因とされ、アメリカはビキニ環礁を以後60年間閉鎖すると発表。
1979年2月	1979.2 アメリカの被ばく兵士（被ばく退役軍人）と遺族など約150人、被ばくによる補償を求める「全米被ばく退役軍人協会（NAAV）」を結成。
1979年3月28日	1979.3.28 アメリカ、ペンシルベニア州ハリスバーグのスリーマイル島（TMI）原発2号炉で炉心溶融事故。大量の放射能を漏出、原発周辺に住む約3万人の人々が被害をうける。事故をきっかけにドイツやイタリアなどヨーロッパ諸国で既存原発の閉鎖と新規の原発建設停止が決められる。
1979年4月19日	1979.4.19 英国核燃料会社（BNFL社）、ウィンズケールの核燃料再処理工場で3月に9000ℓ、3万キュリーの放射性廃液が地下の土壌に漏出する事故があったと報告。その後、高レベル放射性廃液の漏えいは20年間続いていたことが判明。4万ℓ、10万キュリーの放射性廃液が地下の土壌に漏出。
1979年7月	1979.7 1978年12月21日にネバダ実験場の風下地域であるユタ州南部などに住む住民100人余りがアメリカ政府に対して起した死の灰による健康被害に対する損害賠償の請求者が1192人に達する。請求総額は2億3200万ドル。裁判は請求した全被曝住民のうち24例を代表訴訟として始められる。
1979年11月19日	1979.11.19 日本、原発の低レベル核廃棄物を北マリアナ諸島の沖約1100kmの海底に投棄する、と決定。翌80年3月、海洋投棄計画に反対して「太平洋への核投棄に反対するマリアナ同盟」が結成される。81年9月、グアム島で開催された太平洋首脳会議で反対が決議される。82年2月にロンドン海洋投棄規制条約締約国会議、「安全性について技術的、科学的検討を終えるまで海洋投棄を停止」と可決。マーシャル諸島共和国のアマタ・カブア大統領、82年9月に中川科学技術庁長官を訪ね、日本の核廃棄物海洋投棄計画に前向きであることを伝える。
1980年4月	1980.4.- 市民グループによる「全米放射線被害者市民公聴会」、ワシントンで開催。被ばく兵士、ネバダ実験場の風下住民、核実験場労働者、核物質と核兵器製造工場の労働者、ウランの採掘労働者、マーシャル諸島ロンゲラップ環礁の住民、事故をおこしたスリーマイル島原発周辺の住民、在米日系人被爆者と治療用放射線を過剰照射された患者などが参加、健康被害に対する補償を訴える。

1980年4月	1980.4　核実験場エニウェトク環礁で行われていたアメリカ兵による放射性物質除染作業が終了、ウジェラン環礁の島に移住させられていた元住民が帰郷。居住地域はアメリカが"安全"とする環礁南部の3つの島に限定され、環礁北部の島々への立入りは禁止される。
1980年8月	1980.8.-　アメリカ下院州間外商委員会、『見捨てられたモルモット―合衆国の核爆発実験による低レベル放射線被ばくによる健康への影響』を公表。被ばく退役軍人とネバダ実験場の風下住民に対する補償法の早急な制定を勧告。
1980～81年	1980～81　NATOの中距離核ミサイル（INF）配備に向けた抗議活動多発。80年10月26日、ロンドンで「核兵器廃絶運動」（CND、1957年創設）開催の集会に約10万人が参加。11月15日、西ドイツ・クレーフェルトでアメリカのINFヨーロッパ配備に反対する「クレーフェルト宣言」を採択。署名は1985年までに約350万人に。翌81年6月にデンマークの女性たち、アメリカのINF配備に反対してコペンハーゲンからパリまで約1100kmの平和行進開始。同年9月、アメリカのミサイル配備予定のイギリス・グリーナムコモン基地前で女性たちが"平和キャンプ"を設けて座り込み開始。同11月21日、西ドイツ・ドルトムントの「クレーフェルト宣言1周年記念集会」に広島の原爆被爆者の森瀧一郎氏が参加。米ソの核戦争でヨーロッパは第2のヒロシマ"オイロシマ"に、と演説。同年12月、ローマ、ロンドン、ストックホルム、マドリッド、ブリュッセル、パリ、ヘルシンキ、ミラノ、ウィーン、アテネ、アムステルダム、ハーグ、リスボン、ベルリン、ルーマニアのブカレストなどで米ソのINF配備反対集会開催。
1981年3～9月	1981.3～9　核爆発実験の被害をうけたとしてマーシャル諸島ビキニ環礁住民が4.5億ドル、エニウェトク環礁住民が5億ドル、ロンゲラップ環礁など12環礁・島の住民が48億ドルの損害賠償請求訴訟をアメリカに対しておこす。
1982年11月	1982/11/1　アメリカのエネルギー省が「1978年調査のマーシャル諸島北部環礁の放射線の意義」と題する報告書を公表。報告書は、英語とマーシャル語で書かれイラストが付いたもの。北部地域に散在する環礁のすべての島の放射線量を、①微量、②少量、③多量、④大量に色分けして、その影響をわかり易く解説。「水爆ブラボー実験」の放射性降下物をあびたロンゲラップ環礁は、住民が住むロンゲラップ島は③の多量で、残りのすべての島々は④の大量と表記される。
1983年5月	1983.5.-　「イギリス被ばく退役軍人協会（BNVA）」が設立される。
1984年3月17日	1984.3.17　ワシントンでヒバクシャによる「放射線被害者円卓会議」が開かれ、「放射線被害者権利の章典」が採択される。
1984年5月1日	1984.5.1　ビキニ環礁の元住民が米政府を相手取り、汚染除去の作業開始と資金の拠出を求めて提訴。翌年3月13日、米政府が再移住・環礁復興計画を行う合意書締結。
1984年5月11日	1984.5.11　ネバダ実験場の風下地域の被ばく住民の賠償請求を審理していたユタ州ソルトレイク・シティ連邦地裁、代表審理を行っていた24例のうち10例を認め、総額226万ドルの賠償金支払いをアメリカ政府に命ずる。政府はすぐに控訴。1987年と88年の判決ではすべて住民側の敗訴、請求は棄却される。
1984年7月13日	1984.7.13　イギリス・環境大臣依頼の調査委員会、セラフィールド（元ウィンズケール）核燃料再処理工場近辺のがん発生に関する「ブラック報告書」発表。セラフィールド近郊の村で10歳未満児の白血病発生率が全国平均の10倍だが異常ではないと評価。
1984年10月	1984.10.-　サンフランシスコで「第1回全米放射線被害生存者大会」が開かれる。被ばく兵士や被ばく労働者、ウランの採掘労働者、在米日系人被爆者と共に広島、長崎の被爆者が参加。被ばくによる「精神的被害」が報告される。
1984年10月24日	1984.10.24　アメリカ議会、「退役軍人のためのダイオキシン・放射線被ばく補償法」を可決。被ばく退役軍人のうち8種のがんにかかったと認められた者の治療費を国が全面的に負担する（1985年7月発効）。数千人の被ばく退役軍人が補償を請求したが、認められた者は20人余り。
1985年5月20日	1985.5.20　57年に避難先から故郷の島に戻されたロンゲラップ環礁住民、島に残る放射能の被害に苦しみ、「子供たちの将来のために」と全員で故郷の島を退去、約190km南のクワジェレン環礁メジャト島に移住。米国議会に支援を求めるも得られた資金は少額のため、環境NGOグリーンピースの船で移住。

1986年4月26日	1986.4.26　ウクライナ・チェルノブイリ原発4号炉が爆発。炉心構造材黒鉛の火災が10日間継続、消防士、兵士ら数千人が事故処理に当たる。その間の放射性物質放出量は約4億キュリー（炉心の10％）と推定される。ウクライナとベラルーシ、ロシア南西部など約11万平方km（日本の総面積の約4分の1）を汚染、北半球のほぼ全域に流れ"地球被ばく"を引き起こす。5月7日までに30km圏内の住民約10万人、8月までに圏外の汚染地域住民1万7000人が強制移住。事故処理作業員2名が直後に、28名が3ヵ月以内に死亡。その後の石棺建設、除染などに60〜80万人が従事。総移住者数35万名。
1986年10月	1986.10.-　マーシャル諸島政府、アメリカと15年間の自由連合協定に署名。同協定の中の「放射能補償協約」により、核爆発実験場となったビキニとエニウェトク環礁住民、水爆ブラボー実験の死の灰をあびたロンゲラップとウトリック環礁住民に総額1億8000万ドル、これら4環礁住民の保健介護費として3000万ドル、核爆発実験で被害をうけたマーシャル諸島の住民個人と島々の損害賠償金を支払う「核被害補償裁判所（NCT）」の支払い補償金として4575万ドルが支払われることに。これにより、1981年3〜.9月にビキニ、エニウェトク環礁とロンゲラップ環礁など12環礁の住民が起していた約58億ドルの損害賠償請求が棄却される。
1987年 9月26日〜10月3日	1987.9.26〜10.3　「第1回核被害者世界大会」、ニューヨークで開催。核爆発実験、核兵器事故、核物質と核兵器製造施設、ウランの採掘などによる被害をうけたアメリカ、イギリス、ソ連、カナダ、オーストラリア、マーシャル諸島、ポリネシア、デンマーク、スペイン、スウェーデンなど30カ国・地域の被ばく者と日本の広島、長崎の被爆者など約350人が参加。マーシャル諸島やポリネシアの代表、放射能汚染により故郷の地を失い、コミュニティの崩壊と伝統・文化などの破壊が起きている社会的影響を報告。
1988年5月20日	1988.5.20　アメリカで「放射線被ばく退役軍人補償法」（REVCA）成立。「退役軍人のためのダイオキシン・放射線被ばく補償法」（1984年10月制定）のうち被ばく退役軍人だけを対象とした補償法。大気圏内核実験参加兵士約25万人、広島・長崎の捕虜および進駐兵士約19万5000人のうち13種（後に22種）のがんにかかった元兵士に平均7万5000ドル支給、治療費負担を国が行う。
1988年7月	1988.7.-　カナダ・サスカチュワン州サスカトーンで「国際ウラン公聴会j　開催。カナダ、アメリカ、オーストラリアなどの先住民族代表がウラン採掘反対を訴える。
1989年3月	1989.3.-　アメリカ・ペンシルベニア州ハリスバーグでスリーマイル島原発事故10周年の集会とデモが行われる。州政府は事故で漏出した放射能の被害は軽微としたが、地元住民の調査では多数のがん死者が出ていることが明らかにされる。
1989年4月12日	1989.4.12　ソ連、チェルノブイリ事故処理作業者（リクビダートル）のNGO団体「チェルノブイリ同盟」発足。90年3月、ソ連閣僚会議と労働総同盟中央会議が事故処理作業者の身分を定義。恒常的医療検査と特典を定めた規定採用。6月1日から証明書発給。
1990年5月	1990.5　「ネバダ・セミパラチンスク運動」（NSM、ソ連で1989年2月設立の核実験反対運動グループ）と「核戦争防止国際医師会」（IPPNW）共催の「核実験禁止国際市民会議」、カザフ共和国の首都アルマアタ（現アルマティ）とセミパラチンスク実験場の風下地域のカラウル村で開催。ソ連の核実験による住民被害の一部が明らかにされる。
1990年10月15日	1990.10.15　アメリカ議会、「放射線被ばく者補償法」（RECA1990）可決、成立。これまで被ばく補償の対象とされていなかったネバダ実験場の風下住民とウラン採掘労働者のための補償法。大気圏内核実験中にネバダ実験場の風下地域（ネバダ州6郡、ユタ州8郡、アリゾナ州南西部の2郡）に居住し、13種のがんにかかったと認定された者に5万ドル、コロラド、ユタ、ニューメキシコとアリゾナ州の鉱山でウランの採掘労働に従事した者（1947年〜1971年）で肺がんなどになった者に10万ドルを支払う。
1991年1月17日	1991.1.17　湾岸戦争開始、アメリカと連合国軍が約95万発（320〜350t）の劣化ウラン弾使用。のちに米兵25万人（汚染地区に入った兵士の43％）が健康被害で治療を要求。18万人が政府に補償請求、その内9000人は既に死亡。98年12月2〜3日開催の「劣化ウラン・バクダット会議」で、イラクで死産や異常時の出産が多発、各種がんや白血病が戦前の5倍、と報告される。
1991年2月27日	1991.2.27〜28　ウクライナSSR最高会議、チェルノブイリ法（「チェルノブイリ事故による放射能汚染地域の法的扱いについて」「チェルノブイリ原発事故被災者の定義と社会的保護について」）採択。汚染地域を4つのゾーンに区分、被災者を4カテゴリーに分類、補償・特典を定める。ロシア（1991.5.15）、ベラールシ（1991.12.11）も同様の法律策定。

1991年7月31日	1991.7.31　アメリカとソ連、「第1次戦略核兵器削減条約」(STARTI) 署名、94年12月4日発効。配備戦略核を1万発以上から6000発に、運搬手段上限1600に。93年1月3日、「第2次戦略核兵器削減条約」(STARTII) 調印。米国が修正議定書を批准せず未発効。STARTIは2009年12月5日、次の条約を締結することなく失効。
1991年8月20日	1991.8.20　マーシャル諸島の「核被害補償裁判所（NCT）」(1986年設立)、が核爆発実験で被害をうけた住民に補償金の支払いを開始。設定した25種のがんや疾病にかかったと認められた者に症状に応じて補償金を払うとする。補償の対象となるがんや疾病はその後も順次追加され、1994年には11種追加、全部で36種が補償対象に。
1991年9〜10月	1991.9〜10　ソ連で開かれたグリーンピース主催のセミナーで、ソ連による北極海への核廃棄物投棄の実態が暴露される。1993年4月、ロシア政府が「放射性廃棄物の海洋投棄に関する白書」公表。59-92年の液体・固体投棄量39,300キュリー、66-92年の極東海域投棄は液体・固体19,100キュリーに。使用済み燃料入り原子炉の投棄は6基、230万キュリー。
1992年9月13〜19日	1992.9.13〜19　オーストリア・ザルツブルグで「世界ウラン公聴会」開催。核爆発実験やウラン採掘、核廃棄物投棄などにより被害を受けている52カ国・地域の先住民族の代表120人を含む約600人が参加。核開発による被害のすべてが先住民族に一方的に押し付けられている現状は"ニュークリアー・レイシズム（核による人種差別）"であると宣言。
1992年9月20〜25日	1992.9.20〜25　ドイツ・ベルリンで「第2回核被害者世界大会」開催。日本の被爆者を含む60カ国・地域から約500人が参加。中国のロプ・ノールとフランスのアルジェリアでの核爆発実験による被害が初めて報告される。
1992年12月	1992.12.-　カザフスタン共和国、「セミパラチンスク核被害者社会的保護法」制定。補償金の支払い、年金・給与の加金、医療措置などを規定。国家登録機関を設立、2016年1月現在、31万6640人分の医療データ収集。2013年に全面改訂。
1993年1月27日	1993.1.27　ロシア政府、ウラル地方マヤーク（旧チェリャビンスク）核施設による放射能汚染の実態を公表。プラント周辺に堆積している放射性廃棄物の総量は10億キュリー以上、住民45万人が被災、高度の被ばく者は5万人（うち1000人が放射線障害）。爆発事故、高レベル廃液のテチャ川やカラチャイ湖へのたれ流し等によるもの。5月30日、ロシア最高会議が「1957年のマヤーク（旧チェリャビンスク）事故およびテチャ川への放射性廃棄物投棄で被害を受けた市民のための保護法」採択。
1993年5月5日	1993.5.5　ベラルーシ、チェルノブイリ原発事故被災者の国家登録（政令）承認。事故処理作業者、避難・移住民、汚染ゾーン住民、上記グループから生まれた子供が対象。移住の権利や補償を定める。1995年1月1日の登録数20万4982人、2010年時点で39万人。ロシア、ウクライナも同様の制度制定。ロシアの2013年9月13日時点登録数で70万2547人、ウクライナは2014年時点で240万人（死者含む）。
1994年1月15日	1994.1.15　アメリカ・クリントン大統領、「放射線人体実験諮問委員会」設立。冷戦中、政府などの資金援助を受けた機関により電離放射線を人体に使用・被ばくさせる研究が多く行われていたことが明らかになってきたことを受けたもの。
1994年2月	1994.2.-　3月1日の「水爆ブラボー実験」40周年を前に、アメリカ下院議会天然資源委員会監視・調査小委員会でブラボー実験に関する公聴会開催。マーシャル諸島での核爆発実験に関する大量の資料が機密解除され、放射線人体実験の一部も明らかにされる。
1994年12月2日	1994.12.2　日本、「原子爆弾被爆者に対する援護に関する法律（被爆者援護法）」成立。放射能に起因する健康被害は他の戦争被害とは異なり特殊なもの、高齢化の進む被爆者に対する保健、医療及び福祉にわたる総合的な援護対策を講じる。
1994年〜1995年	1994〜1995　ボスニア戦争においてNATO軍が15000発の劣化ウラン弾使用。サラエボ近郊ハジッチ村からのセルビア人移住者3500人のうち10%が、空爆後5〜6年間にがんで死亡。
1995年5月16日	1995.5.16　中国が1994年4月以来停止していた核爆発実験をロプ・ノール実験場で再開（翌17日にも実験）。
1995年6月23日	1995.6.23　アメリカ・クリントン大統領、核爆発実験の再開拒否と無期限延期を宣言。
1995年9月6日	1995.9.6　フランス、モルロア環礁で核爆発実験を再開（翌1996年1月まで6回の実験を行う）。

1995年10月3日	1995.10.3　アメリカ、「放射線人体実験諮問委員会」、最終報告書公表。実験は1944〜1974年の間、病院患者等へのプルトニウム注射、核爆発軍事演習による兵士の被ばく実験、マーシャル諸島住民の被ばく体験調査など約4000件と推計。プルトニウム注入実験、放射線全身照射など3種（約30人）は倫理的問題ありとする。ロンゲラップ環礁住民を使った「プロジェクト4.1研究」は、放射線人体実験と認めず。96年11月19日、13人の被験者に480万ドル（1人40万ドル）の解決金で和解、と発表。97年3月26日には16人に650万ドル支払い。
1996年4月8〜12日	1996.4.8〜12　IAEA、WHOと欧州連合の共催で、国際会議「チェルノブイリから10年」開催。小児甲状腺がんの急増との因果関係は認めたものの、事故の影響の全貌はいまだ確認できずとして調査継続へ。12〜15日にはこれに対抗する「国際法廷」が開催され、IAEA、各国の原子力委員会・政府、ICRPなどに有罪判決。
1996年7月8日	1996.7.8　オランダ、ハーグの国際司法裁判所（ICJ）、「核兵器の威嚇や使用は、一般的に国際法および人道法の原則に違反するが、国家の存続が危ぶまれるような状況下での自衛のための核兵器使用については、合法とも違法とも結論は下せない」との判断を下す。94年12月の国連総会決議により、「核兵器による威嚇や使用の違法性」の判断が求められていた。
1996年9月10日	1996.9.10　国連、「包括的核実験禁止条約」（CTBT）採択。宇宙空間、大気圏内、水中、地下を含むあらゆる空間での核実験を禁止する。成立前、フランス（96年1月まで）、中国（96年7月まで）が駆け込み的に核実験実施。発効要件国（核兵器保有国を含む44か国）の批准が完了していないため未発効。
1997年7月2日	1997.7.2　アメリカ、ネバダ実験場の地下で臨界前核実験を行う（9月18日にも2回実験）。
1998年5月	1998.5　インドがラジャスタン州で5回、パキスタンがバルチスタン州で6回の地下核爆発実験実施。
1998年8月7日	1998.8.7　旧ソ連・セミパラチンスク核実験場で1949〜90年に実施の核実験による被ばく者が120万人に達し、1962年から1998年の36年間に16万人が死亡と、セミパラチンスク放射線医学研究所のボリス・グーシェフが明らかに。
1999年3月24日	1999.3.24　NATO軍がコソボ紛争に介入、84日間の空爆で3万1000発の劣化ウラン弾（劣化ウラン約8t含有）を使用。戦争終了後の平和維持活動参加のイタリア兵士6万人のうち6人、ベルギー兵士1万2000人のうち5人が白血病で死亡。2001年1月、欧州議会は「劣化ウラン弾使用のモラトリアム」を議決。
1999年9月30日	1999.9.30　茨城県の核燃料加工工場JCO東海事業所で、高速増殖炉「常陽」燃料製造作業中に臨界事故発生。作業者3名が被ばく（2名死亡）。他にJCO従業員80人、防災業務関係者60人、数時間近傍に滞在した住民7人が被曝。
1999年12月2日	1999.12.2　国連総会、日本提案の「核兵器の究極的廃絶に向けた核軍縮」決議を賛成153、反対0、棄権12で採択。
2000年4月14日	2000.4.14　アメリカ・エネルギー省、全国の核物質・核兵器製造施設の放射能除染作業「閉鎖への道」計画を発表し、作業を開始。
2000年7月10日	2000.7.10　アメリカ、RECA1990を改正した「放射線被ばく者補償法2000」（RECA2000）を制定。補償対象のがんを13種から19種に、ネバダ実験場風下地域の指定追加、ウラン採掘労働者の対象地域拡大など。ウラン鉱石の運搬及び精錬工場労働者を新たに指定、ウラン採掘労働者と同等の補償金を支払う。核実験場で働いた技術者や除染作業労働者などは「現場参加者」として補償の対象に。2019年6月3日現在、風下住人22523人、現場参加者4625人、ウラン採掘労働者6532人、ウラン精錬労働者1802人、ウラン運搬労働者367人が認定。給付総額2,332,582,268ドル。
2000年10月9日	2000.10.9　アメリカで「エネルギー雇用者職業病補償法（EEOICP）」制定、核物質・核兵器製造施設労働者で31種のがんにかかった者にも補償金が支払われることに。とくに、3カ所のウラン濃縮施設とアラスカ州アムチトカ島での地下核爆発実験に参加して被ばくした者は「特別被ばく者集団」とされ、15万ドルの補償金が支払われることに。
2001年6月1日	2001.6.1　日本・厚生労働省、原爆症認定に原因確率を導入。性別と被爆時の年齢、推計被ばく線量を組み合わせて確率を求めるもの。被団協検討会、基準の前提となる原因確率の概念が理論的に誤っており、認定切り捨てにつながる、と指摘。
2001年7月9日	2001.7.9　「フランス核実験退役軍人協会」（AVEN）設立、ポリネシアの被ばく住民と共にフランス政府に対して補償を求める運動を始める。フランスがアルジェリアとポリネシアで行った核爆発実験で、アルジェリア兵7000人、フランス兵1万1000人とポリネシアの核実験場労働者4万7000人が被ばくしたことが明らかとなる。

2002年5月24日	2002.5.24　アメリカとロシア、「攻撃的核戦力削減条約」（SORT：モスクワ条約）署名。2003年6月1日、発効。2012年末までに戦略核弾頭を1700～2200発に制限。検証規定なし。2011年2月5日、新START条約発効に伴い失効。
2003年2月11日	2003.2.11　全米科学アカデミー（NAS）、1951年～1958年にアメリカ国内で行われた大気圏内核爆発実験により、過去50年間に約15000人のアメリカ人ががんになったとする報告書を公表。
2003年3月20日	2003.3.20　アメリカ・イギリス主導のイラク戦争開始。4月9日までに1000～2000トンの劣化ウラン弾使用。2005年9月、イラン帰還兵9人とその家族が劣化ウラン被害の補償を米陸軍省にもとめて提訴。最終的に敗訴となる。
2003年4月17日	2003.4.17　長崎、愛知、北海道の被爆者7人が原爆症不認定処分の取り消しと損害賠償を求める訴訟をおこす。以後、全国で原爆症不認定取り消し訴訟がおこされる。
2003年9月	2003.9　アメリカとマーシャル諸島共和国との自由連合協定・放射能補償協約終了。ビキニ、エニウェトク、ロンゲラップとウトリック環礁住民の保健介護費が打ち切られ、「核被害補償裁判所（NCT）」による個人に対する補償金の支払いも滞る。マーシャル諸島政府は2000年9月に総額約32億ドルの放射能補償の追加を申請していたが無視されたままで、同月、アメリカと20年間の新自由連合協定に署名。
2004年3月1日	2004.3.1　日本とマーシャル諸島の水爆ブラボー実験被災50周年集会、静岡県焼津市で開催（日本原水協主催）。元ロンゲラップ環礁村長ジョン・アンジャインが参加。
2004年5月7日	2004.5.7　日本、経済産業省原子力安全・保安院が日本の原発の保安要員の被ばく放射線量は、原発を運転する主要29カ国中、最大と発表。
2004年7月20日	2004.7.20　元ロンゲラップ環礁村長ジョン・アンジャイン死去。
2004年11月6日	2004.11.6　アメリカ、アイダホ州ボイジー（ネバダ実験場の北約800km）の住民10数人、核爆発実験の死の灰が原因でがんにかかったと政府に対し損害賠償請求訴訟をおこす。
2005年4月17日	2005.4.17　アメリカ国立がん研究所（NCI）、マーシャル諸島の核爆発実験で住民13940人（推定）全員が被ばく、当時10歳前後の者を中心に白血病や甲状腺がんなど530例が発生する可能性があるとする報告書公表。核実験でマーシャル諸島のほぼ全域の島々（21環礁・島）が放射性物質に汚染されたことを公的機関として初めて明らかにする（従来はビキニ、エニウェトク、ロンゲラップとウトリック環礁のみ）。報告書は2004年9月にアメリカ上院エネルギー・天然資源委員会に提出されるも、マーシャル諸島の人々が知ったのは約半年後。
2005年4月28日	2005.4.28　全米科学アカデミー（NAS）、上下両院の議員がRECA2000による補償金の受給資格見直しと拡大のために核爆発実験による放射線の影響調査を勧告したことに対し、「放射線被ばく適正検査と教育計画のための科学的情報評価」報告を公表。補償金受給資格の拡大と共に受給資格者に「原因確率」を導入することを勧告。
2005年6月30日	2005.6.30　全米科学アカデミー（NAS）、「低レベルの電離放射線の健康リスク（BEIR-VII）」発表。被ばく線量とリスクは直線関係で、"被ばく線量に許容値（閾値）なし"とする。
2005年9月5日	2005.9.5　国際原子力機関（IAEA）、国際保健機構（WHO）などとウクライナ、ベラルーシ、ロシア政府の代表によるチェルノブイリ・フォーラム、20年間の事故影響研究結果を発表。事故処理作業者20万人（平均被曝100mSv）、30km圏避難住民11.6万人（10mSv）、高汚染地域住民27万人（50mSv）のうち、これまでに被ばくが原因と確認できたのは汚染除去作業員47人、子供9人のみ。将来のがん死を含め、被ばく死者数4000名と推計。考慮対象を1987年までの作業者などに狭く限定したもので、4000人という推計にベラルーシ政府や専門家が抗議。06年、WHOは対象を被災3カ国の740万人に広げた評価として9000人の死者を見積もる。
2006年2月	2006.2.-　マーシャル諸島ロンゲラップ環礁の被ばく住民メリー・メナドリックが病死（がん?）。「水爆ブラボー実験」の死の灰をあびた86人（胎内被ばく者4人を含む）のうち51番目の死者となる。
2006年5月12日	2006.5.12　原爆症認定却下処分取消を求めた訴訟で大阪地裁、内部被ばくの影響を認め、長崎の爆心3.3kmの遠距離被爆者と原爆後に入市した2人を含む9人の原告全員に勝訴の判決。09年にも306名が起こした原爆症認定集団訴訟（03年提訴）で政府が敗訴、全員救済で和解。

2006年10月9日	2006.10.9　北朝鮮、北東部ブンゲリ付近の地下で最初の核実験。以後、2009年5月、2013年2月、2016年1月と9月、2017年9月にそれぞれ1回の合計6回の核実験を行う。2018年5月24日、ブンゲリの核実験場とされる施設を爆破し、実験場を廃棄したと発表。
2006年11月30〜12月2日	2006.11.30〜12.2　アメリカ・アリゾナ州のナバホ族の土地で「世界先住民ウラン・サミット」開催。最終日に宣言文採択。ウランの採掘、処理、濃縮、燃料や兵器としての開発・使用、核廃棄物のネイティブ（先住民）の土地への廃棄を世界規模で禁止するよう要求。
2007年7月7日	2007.7.7　テロリストへの核関連物質の流失を防止する「核テロ防止条約」、22カ国が批准、発効。
2007年9月13日	2007.9.13　国連、「先住民族の権利に関する国連宣言」採択。先住民族の人権、土地・資源に対する権利、差別禁止、問題解決への先住民族の参加、経済的・社会的開発継続の促進を認める。
2009年3月21日	2009.3.21　カザフスタン、キルギス、タジキスタン、ウズベキスタン、トルクメニスタンによる「中央アジア非核地帯条約（セメイ条約）」発効。
2009年4月5日	2009.4.5　オバマ大統領、プラハで演説。「核兵器のない世界」を追求する戦略公表。10月9日にノーベル賞受賞。受賞演説では人道的見地に基づく武力行使を認める。
2010年1月5日	2010.1.5　フランス、「フランスによる核実験の被害者の認定及び補償に関する法律」（モラン法）制定。フランスの核実験によって被ばくしたすべての人に補償を受ける権利があると明記し、補償手続きを明確化。補償委員会が個別ケースごとに審査して国防大臣が判定する。
2010年4月8日	2010.4.8　アメリカとロシア、新「戦略兵器削減条約」（新START：プラハ条約）を締結。11年2月5日、ミュンヘン安全保障会議で批准書交換、条約発効。配備核弾頭を1550発に削減、運搬手段の上限を700基に。
2010年8月1日	2010.8.1　ユネスコ、「ビキニ環礁」の世界遺産（文化遺産）登録を発表。核兵器の惨禍を伝える「負の遺産」としての登録。キリ島住民などの経済基盤を作るため1996年6月に開始したビキニ環礁ダイビング・ツアー、航空燃料費上昇により2008年に休止。登録後の2011年から再開。
2011年3月11日	2011.3.11　日本、東日本大震災発生。福島第一原発1〜3号機がメルトダウン・水素爆発事故。原子炉から大気中への放射性物質の総放出量が77万テラベクレルと試算され、INESレベル7と評価。12日に10km圏、20km圏住民に避難指示。福島県のほぼ全域がセシウム134と137で3万7000ベクレル／平方kmに汚染され、4万ベクレル以上（法令で放射線管理区域に相当）の汚染地域住民は福島・隣接県で200万人。
2011年3月15日	2011.3.15　日本、原発作業者の緊急時被ばく限度を100mSvから250mSvに引き上げる。3〜6月の緊急作業者1万5000人のうち50mSvを超えた者は409人（内103人が100mSv超え、6人が250mSvを超えて被ばく）。
2011年3月17日	2011.3.17　厚生労働省、食品衛生法に基づき放射性物質汚染食品の出荷・販売を規制する暫定基準設置。都道府県に検査実施を指示。
2011年3月23日	2011.3.23　東京都、金町浄水場の水道水から1kgあたり210ベクレル（乳児の規制値の2倍超）の放射性ヨウ素を検出と発表。東京23区と多摩地域の5市を対象に、乳児に水道水を与えるのを控えるよう呼びかけ。
2011年4月20〜22日	2011.4.20〜22　ウクライナ非常事態省、キエフの「国際科学会議」で『政府報告書』提出。被災地住民が多種類の病気に罹患、健康状態が著しく悪化していること、被災地の子供（第二世代）の健康悪化を指摘。ベラルーシ及びロシア非常事態省も各々『政府報告書』発表。ウクライナとは異なり、甲状腺腫瘍以外に放射線の影響は認めず、健康悪化は精神的ストレスなどとする。
2011年4月22日	2011.4.22　日本政府、20km圏内を立ち入り禁止の「警戒区域」に。「警戒区域」の外側で放射線累積線量が年間20mSvに達する可能性のある5市町村を「計画的避難区域」に指定。29日、福島県の避難者は8万3000人、うち福島県外への避難者は3万3912人に達したことが明らかに。
2011年6月13日	2011.6.13　イタリアで原発再開の是非を問う国民投票実施、再開反対が90%超。ベルルスコーニ首相、再開断念を表明。

2011年6月30日	2011.6.30　ドイツ連邦議会、2021年までの脱原発を盛り込んだ第13次改正原子力法を可決。
2011年7月24日	2011.7.24　福島県民健康管理調査検討委員会、健康管理調査の概要決定。事故時18歳以下の子ども36万人の甲状腺検査を実施する。2011〜14年までの1回目検査でがん・がん疑いが116人。2017〜18年の3回目検査までの総計で、がん・がん疑いは208人に。福島県、スクリーニング効果として放射線の影響は認めず。17年7月に岡山大学津田敏秀教授、外部被ばくの線量推計と悪性率の関係は被ばく量が多い方が悪性率が高いとの論文発表。
2011年8月30日	2011.8.30　日本、放射性物質汚染対処特措法を公布・施行。11月11日、基本方針閣議決定。警戒区域又は計画的避難区域の指定を受けた地域を除染特別地域に指定、国が除染事業を進める。
2011年11月8日	2011.11.8　「全米退職者協会」（AARP）の会報、除染作業などのために原爆投下後の広島と長崎に進駐した元兵士、太平洋の島々とネバダ実験場での200回の大気圏内核実験に参加した元兵士（被ばく退役軍人）は合計55万7000人と発表。
2012年9月3日	2012.9.3　国連人権理事会特別報告者、マーシャル諸島の核実験による人権被害に関する報告書公表。①放射能汚染により安全な水と食料を確保してきた自己持続型の暮らしが破壊された、②放射能汚染により故郷の島を喪失、他の島で流民のような暮らしを余儀なくされ、独自の文化、伝統とコミュニティが破壊された状況は著しい人権侵害にあたるとした。ロンゲラップ島の被ばく者、リミヨ・アボンがスイスのジュネーブの国連人権理事会で被ばく体験を証言する。
2012年9月19日	2012.9.19　「さよなら原発集会」、東京・明治公園で開催。約6万人参加。
2012年12月末	2012.12.-　東日本大震災のトモダチ作戦に参加の米空母「ロナルド・レーガン」乗組員ら米海軍兵士8人、福島第一原発事故での被ばくに対して東電に損害賠償請求、サンディエゴの米連邦地裁に提訴。原告は当初の8人から2017年には402人に。2019年3月4日、サンディエゴ地裁が却下。
2013年3月4日	2013.3.4　「第1回核兵器の人道的影響に関する会議」、ノルウェー・オスロで開催（ノルウェー政府主催）。127カ国の政府、市民グループ代表など参加。2014年2月にメキシコ・ナジャリットで第2回会議（メキシコ政府主催）、146カ国が参加。同年12月にオーストリア・ウィーンで第3回会議、核保有国のうち米国と英国が初めて参加。2015年4月の核拡散防止条約（NPT）再検討会議で、ウィーンで採択された「核兵器の人道的影響に関する会議」の公約発表。
2013年5月2日	2013.5.2　国連人権理事会特別報告者、東電福島第一原発事故の影響に関する「達成可能な最高水準の身体及び精神の健康を享受するすべての人びとの権利に関する報告書」発表。日本政府に7項目の勧告実施を求める。
2014年4月23日	2014.4.23　マーシャル諸島共和国、核軍縮に向けたNPT義務を果たしていないとして、核保有9カ国を国際司法裁判所に提訴（核兵器ゼロ訴訟）。米政府を相手に、米国連邦裁判所にも提訴。6月、全米市長会議が支持表明。
2014年9月19日	2014.9.19　1954年3〜5月にアメリカがマーシャル諸島海域で実施した水爆実験の際に周辺海域で操業していた日本漁船延べ556隻について、54年3〜6月に国（日本）が行った放射線量検査記録（船体、乗組員、魚体）を厚生省が開示。
2015年2月	2015.2　故郷の島をおわれたマーシャル諸島ビキニ島住民が暮らすキリ島が海水に浸水される。気候変動が原因とされる海面上昇により、2011年よりマーシャル諸島の島々（平均海抜4メートル）で海水の浸水がたびたび発生。
2015年9月5日	2015.9.5　日本政府、楢葉町の避難指示を解除。3例目の解除、全町避難自治体では初。
2015年11月21〜23日	2015.11.21〜23　「世界核被害者フォーラム」、広島市で開催（広島・長崎の反核市民グループなどが主催）。核実験、ウラン採掘、劣化ウラン弾、原発事故の被害者17人と約700人が9カ国から参加。核被害者ネットワークの構築など議論、「世界放射線被害者権利宣言」を採択。翌16年3月に福島第一原発事故から5年目を迎えることから、「フクシマを忘れない、繰り返させない特別アピール」を発表。
2016年2月26日	2016.2.26　マーシャル諸島の水爆実験で被ばくの高知県元漁船員と遺族10人、健康保険協会高知支部に「労災」として船員保険の適用を申請。全国健康保険協会、2017年12月26日に申請却下。
2016年4月	2016.4　ロシア政府、チェルノブイリ事故から30年の報告書で、事故処理作業者の血液循環器系疾患、汚染地域の子どもの遺伝的疾患に関して放射線被ばくの影響（可能性）を初めて認める。セシウム137による甲状腺がん発症の可能性も示唆。

2016年5月9日	2016.5.9	マーシャル諸島の水爆実験で被ばくした高知の元漁船員23人と遺族ら45人、国家賠償を求めて提訴。2018年7月20日、高知地裁は原告の請求を棄却。8月3日、原告23人が控訴。
2017年3月31日	2017.3.31	日本政府、飯舘村、川俣町、浪江町に出していた避難指示の一部を解除。4月1日は富岡町でも解除。対象住民は2月末〜3月1日時点で計約1万2000世帯、約3万2000人。4市町村の計7市町村には帰還困難区域が残る。
2017年7月7日	2017.7.7	「核兵器禁止条約」、国連総会で122カ国・地域の賛成多数により採択。核保有国は条約交渉に不参加。条約推進に貢献した核兵器廃絶国際キャンペーン（ICAN）、2017年10月6日にノーベル平和賞受賞。
2017年12月13日	2017.12.13	厚生労働省、原発事故の作業で被ばくした後に白血病になった東電社員に労災を認定と発表。累積被ばく線量は99mSv（事故後96mSv）。事故後作業従事者の認定は4人目、白血病では3人目。
2018年6月29日	2018.6.29	アメリカ議会、超党派議員5人が17年1月に提出の改正「放射線被ばく者補償法2017」（RECA2017）に関する公聴会開催。補償法が未適用のアイダホ州被害住民代表、グム島被害住民代表、ニューメキシコ州先住民族ナバホ（ディネ）部族副部長、原爆トリニティ実験フォールアウトで被災のニューメキシコ州代表が被ばく被害を証言。
2018年10月21日	2018.10.21	1987年にアメリカとロシアが締結の「中距離核戦力全廃条約」（INF）、米トランプ大統領が離脱を表明。2019年8月2日、失効。
2019年1月8日	2019.1.8	アメリカ、軍事用余剰プルトニウムを用いたMOX燃料製造計画の中止を決定。

（作成協力：竹原裕子）

撮影：川田透
提供：第五福竜丸展示館

豊﨑博光 (とよさき・ひろみつ)

フォトジャーナリスト（フリー）。1948年横浜市生まれ。

1969年から1970年まで、復帰前の沖縄や在日朝鮮人・韓国人などを取材。1972年にアメリカの先住民族インディアンを取材。1978年にアメリカが核実験を行ったマーシャル諸島のビキニ環礁、エニウェトク環礁や水爆実験の"死の灰"を浴びせられたロンゲラップ環礁の人々の取材を始めたことをきっかけに世界の核被害の取材を始める。以後、アメリカや旧ソ連、イギリスの核実験場、アメリカやカナダなどのウラン採掘の現場、スリーマイル島原子力発電所とチェルノブイリ原子力発電所の事故による被害の実態などのほか、世界各地の核被害者を取材。また日本やアメリカ、太平洋、ソ連やヨーロッパでの反核（非核）・反原発運動などを取材する。

拓殖大学商学部で9年間、中央大学法学部で5年間、非常勤講師として被害を中心に世界の核開発史の授業を担当。

主な著書に『核よ驕るなかれ』（講談社、1982年）、『グッドバイ・ロンゲラップ』（築地書館、1986年）など。

『アトミック・エイジ』（築地書館、1995年）で「第1回平和・協同ジャーナリスト基金賞」を受賞。『マーシャル諸島 核の世紀』（日本図書センター、2005年）で「第48回日本ジャーナリスト会議（JCI）賞」を受賞。

写真と証言で伝える
世界のヒバクシャ
❶ マーシャル諸島住民と日本マグロ漁船乗組員

2019年12月17日第1刷発行

著　者　豊﨑博光

発行者　髙橋雅人

発行所　株式会社 すいれん舎
　　　　〒101-0052
　　　　東京都千代田区神田小川町 3-14-3-601
　　　　電話03-5259-6060　FAX 03-5259-6070

印刷・製本　亜細亜印刷株式会社

編　集　香野編集事務所　香野健一

装　丁　篠塚明夫

ⓒ Hiromitsu Toyosaki.2019
ISBN978-4-86369-542-9　Printed in Japan